전광훈 목사 설교 시리즈 Light 01

7대 명절로 나타난 그리스도

전광훈 목사 설교 시리즈 Light 01

7대 명절로 나타난 그리스도

JUN KWANG HOON

전광훈 지음

NEWPURITAN
PUBLISHING

들어가는 말

/

　하나님은 이스라엘 민족에게 7가지의 명절을 주셨습니다. 우리나라도 매달 명절이 있지만, 지금 지키는 큰 명절은 추석과 구정입니다. 반면에 이스라엘 민족은 인류 역사의 6천년 동안 하나님이 주신 7대 명절을 잊지 않았습니다. 2천년 동안 유럽에서 방황할 때도, 말과 풍습은 잊었으나 어느 곳에 가든지 7대 명절은 꼭 지켜왔습니다. 그 결과, 이스라엘 민족은 없어졌던 나라를 2천년 만에 건국할 수 있었고, 어느 나라에서 살든지 그곳에서 최고의 위치를 유지할 수 있었습니다. 오늘날 전세계의 경제는 유대인의 손에 있고, 문화예술의 할리우드도 유대인의 손에 있으며, 미국의 정치도 유대인의 손에서 벗어날 수 없습니다. 사실상 유대인이 전세계를 점령하고 있다고 보아야 합니다. 그 이유는 7대 명절과의 관계를 오늘까지도 붙잡고 있기 때문입니다. 이스라엘의 7대 명절은 이 세상을 창조하신 하나님이 사람으로 오셔서 인간을 구속하기 위하여 행하신 예수 그리스도의 7가지 구원 사역을 말하고 있습니다. 비록 유대 민족은 7대 명절의 복음적 의미를 모르고 지켜왔지만, 오늘날 세계의 가장 뛰어난 민족이 되었습니다.

그렇다면 바울 서신을 근거한 7대 명절의 복음적 의미를 알 때 얼마나 더 하나님이 여러분을 축복하실지 기대하기를 바랍니다.

전광훈 목사 드림

목차

01

/

7대 명절로 나타난 그리스도

히브리서 10:1
¹율법은 장차 오는 좋은 일의 그림자요 참 형상이 아니므로 해마다 늘 드리는바 같은 제사로는 나아오는 자들을 언제든지 온전케 할 수 없느니라

우리나라의 명절은 거의 매달 있습니다. 정월 초하루(설날), 정월 대보름, 3월은 삼진, 4월은 유두, 5월은 단오, 7월은 칠석, 8월은 추석, 12월은 동지가 있습니다. 이 중에서 지금 우리가 지키는 큰 명절은 구정과 추석입니다. 하나님께서는 자기 백성, 구약시대의 이스라엘 백성에게 7개의 명절을 주셨습니다. **유월절, 무교절, 초실절, 오순절, 나팔절, 속죄절, 장막절입니다.**

지구촌의 나라와 국가와 민족들이 지키는 명절에는 모두 그 뜻이 있습니다. 그 명절의 뜻은 거의 다 보이지 않는 신과 사람과의 어떤 연결을 만들어 주는 의미가 있습니다. 이 세상 모든 명절은 신과 접촉을 일으키는 것입니다. 우리나라의 구정과 추석을 봐도 조상들의 제사를 지냅니다. 신과 자꾸 접촉하는 것이 명절의 의미인 것처럼 하나님께서 구약시대에 7대 명절을 주신 이유가 있습니다. 그 이유를 여러분들에게 전해드릴 것입니다.

유대인에게 주신 하나님의 축복

7대 명절은 크게 세 가지의 의미가 있습니다. 첫째, 7대 명절은 하나님께서 유대인에게 주신 하나님의 축복입니다. 구약시대 이스라엘 백성들은 7대 명절을 지키다가 세계 제일의 복을 받았습니다. 나라가 없어졌었지만, 2000년이 지난 후에 망했던 나라를 다시 만들었습니다. 2000년 동안 없어진 자신들의 말, 히브리어를 다시 복구했습니다. 기가 막힌 일입니다. 이 유대인들은 정말 대단합니다. 미국에 유대인이 600만 정도 사는데, 세계에서 제일 좋다는 하버드대학에 1/3이 유대인입니다. 노벨상의 1/30도 유대인이 수상했습니다. 세계의 경제를 움직이는 민족도 유대인입니다. 세계의 돈 절반을 유대인이 가지고 있다고 합니다. 유대인은 하나님의 축복을 받은 민족입니다.

하나님께서 유대인에게 주신 축복을 이 시대에 틀림없이 우리 나라에 주시려고 합니다. 그 이유는 무엇일까? 그건 대한민국이 복음을 담고 있기 때문입니다. 아시아 국가 중에 복음을 담고 있는 나라가 우리나라를 제외하고는 없습니다. 이 복음 때문에 하나님이 이 나라를 축복하려고 합니다.

"유월절, 무교절, 초실절, 오순절, 나팔절, 속죄절, 장막절." 하나님께서 이스라엘 백성에게 7대 명절을 왜 주셨을까? 그건 하나님께서 유대인에게 축복을 주시기 위해서입니다.

이스라엘 백성들은 2000년 전에 예수님을 십자가에 못 박은 죄 때문에, 로마의 티투스가 와서 예루살렘을 해체해 버렸습니다. "이 죄를 우리와 우리 자손들에게 돌리소서." 예수님을 십자가에 못 박을 때 유대인들이 했던 말입니다. 예루살렘이 해체되면서 유대인들은 소련, 러시아로부터 아프리카까지 전 세계에 뿔뿔이 흩어졌습니다. 2000년 동안 흩어졌던 이들이 자신의 말을 회복하고 나라를 세운 것은 흩어진 곳에서 하나님께서 주신 7대 명절을 지켰기 때문입니다. 유대인들은 지금도 7대 명절을 지독하게 지킵니다. 지독하게.

예수님이 이 땅에 오셔서 하실
7가지 일을 미리 보여주심

하나님이 7대 명절을 주신 두 번째 이유는 여러분과 저의 사랑의 대상인 예수 그리스도가 이 세상에 오셔서 무슨 일을 할 것인지 미리 보여주신 것입니다. 여러분, 예수님을 사랑하십니까? 창세기 1장을 보면, 예수님이 이 세상에 오시기 전에 이 세상을 만드신 주인이 예수님이라고 말합니다. 그분이 사람으로 이 땅에 오시기 전에 이 땅에 오셔서 무슨 일을 할 것인지 보여주기 위해서 수천 년 전에 하나님의 아들 예수가 이 땅에 오면 이와 같은 일을 하리라고 7대 명절을 통해 보여주신 것입니다. 7대 명절을 통해 이스라엘 백성에게 예행연습을 시킨 것입니다. 그럼 7대 명절에 어떤 의미가 담겨 있을까?

1) 유월절

'유월절'은 **"이렇게 죽으리라"**는 것입니다. 예수님이 이 땅에 오면, '이렇게 죽는다'는 것입니다. 예수님의 십자가 사건을 설명하기 위해서 나타난 것이 유월절입니다. 예수님께서는 이 세상에 유월절의 어린 양으로 오신 것입니다. 사도 요한은 요한복음 1장 29절에서 예수님을 하나님의 어린 양이라고 했습니다.

"이튿날 요한이 예수께서 자기에게 나오심을 보고 가로되 보라 세상 죄를 지고 가는 하나님의 어린 양이로다"(요 1:29).

예수님은 유월절의 어린 양으로 오셨습니다. 참 기가 막힙니다. 성경의 오묘함에 대하여 놀라지 않을 수 없습니다.

2) 무교절

예수님이 이 땅에 오시면 십자가에 못 박혀 죽습니다. '무교절'은 죽은 뒤에 3일 동안 예수님의 시체가 무덤에 있으리라는 것입니다. **"무덤에 있으리라."** 무교절에 이스라엘 백성들은 보자기에 무교병이란 떡을 만듭니다. 그리고 땅속에 3일 동안 묻어 놓습니다. 3일이 지나면 가정의 대표인 가장이 흙을 헤치고 그 땅속에 들은 떡을 꺼내 찢어서 온 가족이 먹습니다. 지금 우리 신약시대 때는 성찬식입니다. 이 무교절이 성찬식으로 전래가 된 것입니다. 그래서 예수님이 땅속에 3일 있을 것을 먼저 예행연습을 한 것입니다.

마태복음 12장 38-40절을 읽어봅시다.

"그때에 서기관과 바리새인 중 몇 사람이 말하되 선생님이여 우리에게 표적 보여주시길 원하나이다 예수께서 대답하여 가라사대 악하고 음란한 세대가 표적을 구하나 선지자 요나의 표적 밖에는 보일 표적이 없느니라 요나가 밤낮 사흘을 큰 물고기 뱃속에 있었던것 같이 인자도 밤낮 사흘을 땅속에 있으리라"(마 12:38-40).

예수님께서 바리새인과 서기관, 제사장들이 예수님께 와서 시험했습니다.

"예수야, 네가 하나님의 아들이냐?"

"그렇다."

"그러면 너, 하나님의 아들이라는 걸 실력을 한번 보여봐."

"어떻게 보일까?"

"표적을, 기적을 한번 행해 봐."

그때 예수님이 "이 나쁜 자들! 내가 너희에게 다른 표적을 보일 것이 없다. 내가 너희에게 보일 표적이 하나 있는데, 구약 선지자 요나가 밤낮 3일 동안 물고기 뱃속에 있었다. 요나가 물고기 뱃속에서 3일 있었던 것처럼 인자도, 나도 땅속에 3일 있으리라" 하고 말했습니다.

요나가 물고기 뱃속에 3일 있었던 것은 예수님이 죽어서 땅속에 3일 있을 것에 대한 예표요, 그림자요, 상징입니다. 여러분, 이 사실을 믿습니까? 그와 같이, 무교절에 예수님이 땅속에 시체가 3일 있는다는 뜻입니다.

3) 초실절

'초실절'은 부활입니다. **"부활."** 예수님께서 이렇게 부활하리라는 것입니다. 구약시대 초실절이 되면 처음 익은 곡식단을 먼저 하나님께 갖다 바치는 것처럼 예수님은 우리의 부활의 첫 열매입니다. 고린도전서 15장 20-24절을 봅시다.

"그러나 이제 그리스도께서 죽은 자 가운데서 다시 살아 잠자는 자들의 첫 열매가 되셨도다 사망이 사람으로 말미암았으니 죽은 자의 부활도 사람으로 말미암는도다 아담 안에서 모든 사람이 죽은것 같이 그리스도 안에서 모든 사람이 삶을 얻으리라 그러나 각각 자기 차례대로 되리니 먼저는 첫 열매인 그리스도요 다음에는 그리스도 강림하실 때에 그에게 붙은 자요 그 후에는 나중이니 저가 모든 정사와…"(고전 15:20-24).

'그리스도가 죽은 자 가운데서 다시 살아 잠자는 자들의 첫 열매가 되셨다'는 것은 예수님의 부활을 이야기합니다. 예수님의 부활의 첫 열매가 이 바로 처음 익은 곡식을 하나님께 바친다는 초실절입니다.

4) 오순절

'오순절'은 성령강림입니다. **"성령강림."** 성령을 이 땅에 보내 주신다는 것입니다. 사도행전 2장 1-4절을 읽어봅시다.

"오순절 날이 이미 이르매 저희가 다 같이 한곳에 모였더니 홀연히 하늘로부터 급하고 강한 바람 같은 소리가 있어 저희 앉은 온 집에 가득하며 불의 혀 같이 갈라지는 것이 저희에게 보여 각 사람 위에 임하여 있더니 저희가 다 성령의 충만함을 받고 성령이 말하게 하심을 따라 다른 방언으로 말하기를 시작하니라"(행 2:1-4).

오순절은 예수님이 이 땅에 와서 십자가에 못 박혀 죽어 3일 만에 부활한 뒤에 우리에게 성령을 부어주시리라는 말씀이 임한 날입니다. 요게 오순절의 의미입니다.

5) 나팔절

'나팔절'은 재림입니다. **"이렇게 예수가 재림하리라."** 마태복음 24장 29-31절을 읽어보십시다.

"그 날 환난 후에 즉시 해가 어두워지며 달이 빛을 내지 아니하며 별들이 하늘에서 떨어지며 하늘의 권능들이 흔들리리라 그 때에 인자의 징조가 하늘에서 보이겠고 그때에 땅의 모든 족속들이 통곡하며 그들이 인자가 구름을 타고 능력과 큰 영광으로 오는 것을 보리라 저가 큰 나팔 소리와 함께 천사들을 보내리니…"(마 24:29-31).

구약시대 제사장들이 양의 뿔을 떼면 양의 뿔이 긴 것은요, 내 키의 절반만 합니다. 양 뿔을 길게 빼놓고 끝을 딱 잘라서 그걸로 나팔을 붑니다. "뿌우~" 전쟁할 때 청년들을 모을 때나, 사람을 모을 때 나팔을 붑니다. 이것이 예수 그리스도가 이 땅에 재림하여 오실 때, 천사장들이 나팔을 불어 구원받을 백성들을 이 땅 저 끝에서부터 모으리라 하는 것입니다. 주님이 이 땅에 재림할 것을 하나님은 벌써 수천 년 전에 나팔절을 통하여 예행연습을 시켜 놓았습니다. 예수가 이 땅에 재림하십니다.

6) 속죄절

'속죄절'은 예수님이 재림한 후에 천년왕국에 들어가기 전에 대제사장이 **"알곡과 쭉정이"**를 가려서 하나님께 드리는 대예식입니다. 요한계시록 5장 9-12절을 읽어봅시다.

"새 노래를 노래하여 가로되 책을 가지시고 그 인봉을 떼기에 합당하시도다 일찍 죽임을 당하사 각 족속과 방언과 백성과 나라 가운데서 사람들을 피로 사서 하나님께 드리시고 저희로 우리 하나님 앞에서 나라와 제사장을 삼으셨으니 저희가 땅에서 왕노릇하리로다 하더라 내가 또 보고 들으매 보좌와 생물들과 장로들을 둘러 선 많은 천사의 음성이 있으니 그 수가 만만이요 천천이라 큰 음성으로 가로되 죽임을 당하신 어린 양이 능력과 부와 지혜와 힘과 존귀와 영광과 찬송을 받으시기에 합당하도다 하더라"(계 5:9-12).

"사람들을 피로 사서 하나님께 드리시고." 속죄절은 대제사장이신 우리 예수님이 구원 농사를 다 지은 이후에 유월절부터 나팔절까지 이 땅에 하나님이 역사하셔서 이 7대 명절을 통하여 구원한 인생들을 총 결산하여 하나님께 드리는 예식입니다.

7) 장막절
'장막절'은 **"천년왕국"**입니다. 요한계시록 21장 1-3절을 읽어봅시다.

"또 내가 새 하늘과 새 땅을 보니 처음 하늘과 처음 땅이 없어졌고 바다도 다시 있지 않더라 또 내가 보매 거룩한 성 새 예루살렘이 하나님께로부터 하늘에서 내려오니 그 예비한 것이 신부가 남편을 위하여 단장한 것 같더라 내가 들으니 보좌에서 큰 음성이 나서 가로되 보라 하나님의 장막이 사람들과 함께…"(계 21:1-3).

"하나님의 장막이 사람들과 함께 있으매." 그러니까 하나님의 장막이 이 세상으로 내려온 것이 장막절입니다.

"성경은 너무너무 신기하다, 기똥차게 신기하다." 이런 성경을 보면서도 예수를 개떡같이 믿는 사람들이 이해가 안 됩니다. 이게 어떻게 사람이 만든 것이겠습니까?

7대 명절은 무슨 뜻입니까? 7대 명절은 복음입니다. 이 복음을 정확히 가르치는 사람이 거의 없습니다. 한국 교회에 꼭 필요한 복음입니다. 하늘의 하나님이 여러분과 저에게 '꼭 이것만큼은 알아다오' 하고 부탁하는 말씀이 있습니다. 하늘의 하나님이 모든 인간에게 하고 싶은 말을 줄이고 줄여서 또 줄이고 또 줄여서 엑기스로 딱 농축시켜 놓은 것이 바로 7대 명절입니다. 그러니까 교회에 나오는 사람은 하나님이 최소한 요거만큼은 확실히 알아달라는 것입니다. 그것을 7대 명절로 하나님이 만들어서 성경에다 딱 박아 놓고 수천 년 동안 구약의 이스라엘 백성들에게 예행연습을 시켜 온 것입니다.

우리의 관심사와 하나님의 관심사는 다릅니다. 우리의 관심사는 첫 번째가 돈입니다. 맞지요? 그리고 죽으나 사나 자식입니다. 그다음은 건강하게 오래 사는 것입니다. 이런 게 우리의 관심사입니다. 그런데 하나님의 관심사 제1호는 7대 명절입니다. 하나님께서는 지금 우리가 필요한 게 있는데, 우리의 관심사를 잠깐 내려놓고 하나님의 관심사를 나의 관심사와 일치시키는 것을 원하십니다. 그러면 내가 가지고 있는 관심사는 하나님이 다 이루어주십니다. 하나님이 돈을 주십니다. 하나님이 건강을 주십니다. 하나님이 자녀를 축복해 주십니다. 왜 그럴까요? 자신의 관심사보다 하나님의 관심사를 먼저 가지면, 하나님이 원하는 이것을 알기만 하면 하나님은 그 사람에게 빠집니다.

"예수가 이렇게 죽으리라, 무덤에 있으리라, 부활하리라, 승천하여 성령을 주시리라, 재림하시리라, 심판하시리라 알곡과 쭉정이로 나누시리라, 천년왕국을 이루시리라."

하나님은 우리가 유대인에게 주신 7개의 명절을 알아주기를 기다리고 있습니다.

성도의 심령 속에 이루어질 7가지 복음 사건

하나님께서 7대 명절을 주신 세 번째 이유는 신약시대, 지금 우리 시대에 성도들, 여러분과 저에게 이루어질 7가지 큰 복음 사건입니다.

'유월절'이 우리 성도들에게 임하면, 구원의 역사가 일어납니다. 유월절은 구원을 위해서 나타난 것입니다. 여러분 속에 유월절이 들어가면 그 사람은 구원받습니다. 인간 최고의 축복이 구원입니다. 교회 다니는 제일의 목적이 구원입니다. 유월절의 원리를 알면 그 사람은 죽으면 천국에 갑니다.

그다음 하나님은 오늘날도 유월절을 통하여 구원시킨 성도들을 무덤 속에 집어넣습니다. 바로 '무교절'입니다. 하나님이 준비한 무덤이 있습니다. **"물질의 무덤, 질병의 무덤, 자녀의 무덤, 환란의 무덤."** 이러한 환경의 무덤 속으로 우리를 집어넣어서 숨도 못 쉬게 만듭니다. 이때 성도들이 교회 다니다가 낙심합니다. 처음에 교회 다녔더니, 예수님이 십자가에 죽었다고 해서 '주여!' 했더니 기쁨도 오고 방언도 터지고 너무 좋았습니다.

그런데 '왜 갑자기 우리 집에 교회 안 다닐 때도 없었던 일들이 일어날까', '왜 나를 이렇게 하나님이 무덤 속으로 쓸어 넣을까?' 이때, 사람이 시험에 드는 것입니다. 이걸 잘 통과해야 합니다. 믿습니까?

하나님께서 우리를 무덤 속에 집어넣는 이유는 우리를 성화시키려고, 우리를 깨끗하게 하려는 것입니다. 이 성화 기간이 딱 끝나면 하나님이 '초실절'에 부활의 영광을 주십니다. 다 부활합니다. **물질의 부활, 자녀의 부활, 가정의 부활, 교회도 다 부활합니다.**

그리고 '오순절'이 딱 임하면 그 사람에게 성령이 강타하는데, 이 성령은 유월절에 역사하는 성령하고 다릅니다. 오순절의 성령이 강력하게 옵니다. 여러분이 성령을 거세게 받아야 됩니다. '나팔절'은 재림인데, 나팔절이 사람 속에 임하면, 그 사람 속에는 재림 신앙이 임하여 예수님이 너무너무 보고 싶어지고 예수님이 보고 싶어서 웁니다. 예수님 빨리 오시라고 막 웁니다. 나팔절이 가슴속에 임하는 사람은 주님에 대한 기대함이 보통 성도하고는 비교할 수 없습니다. 나팔절이 임하면 사람은 딱 다릅니다.

'속죄절'이 임한 사람은 죄를 회개하는 능력이 보통 사람하고 다릅니다. 보통 사람은 교회를 다니다가 양심이 맑아지고 성령 충만을 받는데, 신경질 한번 부리고 혈기 한번 부린 죄를 지고 그걸 회개하는 데 1년이 걸립니다. 적은 죄 때문에, 죄에 눌려서 기쁨도 잃어버리고 지냅니다. 속죄절이 임한 사람은 죄를 잘 짓지도 않지만, 죄를 지었다가도 죄를 회개하는데 5분도 안 걸립니다. 방언으로 당장 날려 버립니다.

'장막절'은 천년왕국인데 이 땅에 살면서 천년왕국을 예행연습, 미리 당겨서 체험할 수 있습니다. 여러분 모두 여기까지 가면 좋겠습니다. 그래서 우리 모두 뻥 뚫렸으면 좋겠습니다. 첫째부터 일곱째까지 뻥 뚫려서, 이것을 통하여 붙잡고 우리가 후회함이 없는 삶을 살아보자는 것입니다.

"하나님, 7대 명절이 내 가슴속에 들어오게 해 주세요. '유월절'이 들어오게 해 주세요. '무교절'이 들어오게 해 주세요. '초실절'이 들어오게 해 주세요. '오순절'도 들어오게 해 주세요. '나팔절'도 들어오게 해 주세요. '속죄절'도 들어오게 해 주세요. '장막절'까지 내 가슴 속에 찍히게 해 주세요. 주 예수님, 감사합니다. 7대 명절을 우리의 가슴에 안겨주셔서 우리가 어찌하다 이와 같은 축복을 받았는지 가슴이 부풉니다. 성령으로 더 자세히 열어주세요. 우리 가슴속에 밀어 넣어주세요. 나는 미련하여 깨닫기가 둔합니다. 성령님이 완전히 우리를 덮어주시옵소서. 예수님 이름으로 기도하옵나이다. 아멘."

02

/

유월절

출애굽기 12장 1-14절

¹"여호와께서 애굽 땅에서 모세와 아론에게 일러 가라사대 ²이 달로 너희에게 달의 시작 곧 해의 첫 달이 되게 하고 ³너희는 이스라엘 회중에게 고하여 이르라 이 달 열흘에 너희 매인이 어린 양을 취할찌니 각 가족대로 그 식구를 위하여 어린 양을 취하되 ⁴그 어린 양에 대하여 식구가 너무 적으면 그 집의 이웃과 함께 인수를 따라서 하나를 취하며 각 사람의 식량을 따라서 너희 어린 양을 계산할 것이며 ⁵너희 어린 양은 흠 없고 일년 된 수컷으로 하되 양이나 염소 중에서 취하고 ⁶이 달 십사 일까지 간직하였다가 해 질 때에 이스라엘 회중이 그 양을 잡고 ⁷그 피로 양을 먹을 집 문 좌우 설주와 인방에 바르고⁸ 그 밤에 그 고기를 불에 구워 무교병과 쓴 나물과 아울러 먹되 ⁹날로나 물에 삶아서나 먹지 말고 그 머리와 정강이와 내장을 다 불에 구워 먹고 ¹⁰아침까지 남겨 두지 말며 아침까지 남은 것은 곧 소화하라 ¹¹너희는 그것을 이렇게 먹을찌니 허리에 띠를 띠고 발에 신을 신고 손에 지팡이를 잡고 급

히 먹으라 이것이 여호와의 유월절이니라 ¹²내가 그 밤에 애굽 땅에 두루 다니며 사람과 짐승을 무론하고 애굽 나라 가운데 처음 난 것을 다 치고 애굽의 모든 신에게 벌을 내리리라 나는 여호와로라 ¹³내가 애굽 땅을 칠 때에 그 피가 너희의 거하는 집에 있어서 너희를 위하여 표적이 될찌라 내가 피를 볼 때에 너희를 넘어가리니 재앙이 너희에게 내려 멸하지 아니하리라 ¹⁴너희는 이 날을 기념하여 여호와의 절기를 삼아 영원한 규례로 대대에 지킬지니라.”

7대 명절 중에 제일 중요한 것이 ‘유월절’입니다. 이스라엘의 첫 번째 절기인 유월절이 제일 중요합니다. 유월절은 **“예수 그리스도가 십자가에 죽는 것”**을 말하는 절기입니다. 구약적 방법으로 유월절이 되면, 일단 사람들이 양을 한 마리씩 준비합니다. 돈이 없어서 양을 준비하지 못하면, 비둘기라도 준비해야 합니다. 양을 준비해서 제사장 앞으로 가면 제사장이 묻습니다. “너는 왜 이 양을 가져왔냐?” 그러면 사람이 자기가 가지고 있는 최고의 문제를 제사장한테 말합니다. 그 첫 번째가 자신의 죄입니다. “나는 죄 때문에 왔습니다.” 그러면 제사장이 손을 펴서 한 손은 사람 머리에 얹고, 한 손은 짐승에 얹어놓고 기도합니다. “하나님, 지금 이 사람의 죄가 이 짐승 쪽으로 옮겨지게 하세요. 넘어가게 하세요. 넘어가게 하세요.” 아멘.

유월절이라는 말이 넘어간다는 뜻입니다. 옮긴다는 뜻입니다. **“어린 양이”** 사람의 모든 것을 대신하는 날입니다. 우리 인생의 모든 죄, 허물, 연약함 전체를 어린 양으로 넘기는 날입니다. 오늘도 여러분이 앉은자리가 유월절이 되어서 나의 모든 죄, 허물, 죄악도, 우리의 연약함, 질병 등을 어린 양 되신 예수님께로 넘기라는 겁니다. **"넘기자!"** 아멘! 내가 가지고 있지 말고 나의 모든 문제, 죄, 질병, 어려움, 환난, 걱정 등을 다 예수님께로 넘기는 날이 유월절입니다. 여러분에게 유월절이 이루어지려면, 오늘 이 시간도 우리의 모든 것을 예수님께로 넘겨야 하는 겁니다. **"죄, 질병, 환난, 연약함, 문제, 사업, 자녀."** 모든 것을 예수님께로 넘기는 겁니다. 주님이 우리의 모든 죄를, 모든 짐을 대신 짊어주신다 이겁니다. 이것이 바로 유월절입니다.

제사장의 기도가 마치면, 사람을 죽이는 게 아닙니다. 죄가 사람에게서부터 짐승으로 옮겨갔기 때문에 사람을 죽일 이유가 없어졌습니다. 그래서 제사장은 옆에 있는 시퍼런 칼을 빼서 짐승의 목에 칼을 꽂습니다. 그리고 가죽을 벗기고 불태웁니다. 제사장은 이 사람을 보고 말합니다. "네 죄는 없어졌다." 왜요? "네 죄가 이리로 넘어갔다." 아멘! 이렇게 유월절 행사를 했습니다.

그런데 이렇게 구약식으로 유월절을 하려면, 한 번 하는데 오랜 시간이 걸립니다. 양 한 마리를 사야 합니다. 어떤 경우에는 양을 잘 키워서 깨끗하고 흠도, 티도 없이 목욕시켜야 합니다. 한 번 준비하는데 오래 걸리기도 하지만, 이런 의식을 계속 반복적으로 해야 합니다.

하나님은 신약시대의 유월절은 이렇게 어렵게 만들지 않았습니다. 구약시대의 유월절은 그림자요, 예표요, 상징입니다. 이것은 예수 그리스도가 이 땅에 오시면, 여러분과 저의 죄를 위하여 십자가에 못 박혀 피 흘려 죽으신다는 말입니다. 여러분과 나의 죄를 예수님이 지실 십자가로 옮긴다는 겁니다. 예수님 쪽으로 옮긴다는 겁니다. 그러한 것을 시행하는 것이 유월절입니다.

신약시대의 유월절 지키기

지금 유월절은 어떻게 이루어지느냐? 하나님이 쉽게 만들어 놓으셨습니다. 구약시대에는 사람들이 제사장을 찾아갔는데, 지금은 여러분이 교회를 오셔서 저한테 올 필요도 없습니다. 신약시대는 일대일로, 바로 여러분이 하나님과 바로 하면 됩니다. 중간에 제사장이라는 게 필요 없습니다.

교회를 나온 뒤에 입으로 일단은 주님을 불러야 합니다. **"주여!"** '주여!'라고 하는 이 '부르짖다'의 히브리어 원어가 '찢다'라는 겁니다. '공기를 찢다'라는 겁니다. 이게 '부르짖다'의 뜻입니다. 하늘에 하나님의 나라가 있지요? 여기 지구에 인간이 있지요? 하나님 나라와 인간 사이에는 공중 권세 잡은 마귀가 있습니다. 여기서 내가 "주여!" 하고 부르면, 대기를, 공기를 찢는다는 겁니다. 공중 권세를 가른다는 겁니다. 내가 부르짖어서 나와 하나님 보좌 사이를 막고 있는 어두움의 권세를 가른다는 겁니다. 이게 '부르짖다'의 뜻입니다. 그러니까 살짝 불러야 될까요, 세게 불러야 될까요? 세게 불러야 공기를 찢을 수 있겠지요? 주의 보좌에 닿을 수 있도록 부르라 이겁니다. 다시 해봅시다. **"주여!"** '주여!'를 부르고 난 뒤에 이어지는 말이 이런 말입니다.

"주여, 지금 내가 죄를 범했습니다. 그런데 이 죄를 내가 가지고 있기를 원치 않고 이 죄를 어린 양 되시는 예수님의 십자가로, 2000년 전에 나를 위해서 십자가에 흘리신 그 피로 나의 죄를 옮겨주세요."

"옮겨주세요"라는 말 한마디만 하면, 여러분의 죄가 여러분에게서부터 예수님 쪽으로 넘어갑니다. 그런데 사람들이 그 말 한마디를 못 해서 지옥에 가는 겁니다. 자존심 때문에 그런 겁니다. 여러분, 절대 자존심을 부리면 안 됩니다. 자존심 부릴 걸 부려야지요. 죄진 인간이 자존심을 부려서 어떻게 하겠다는 겁니까? 그것도 하나님이 이렇게 쉽게 만들어놨는데 말입니다.

어떤 신학자가 이렇게 말했습니다. "하나님이 유월절을 체험하는, 죄 용서받는 방법을 너무나 쉽게 만들어 놨기 때문에 사람들이 오히려 하나님의 방법을 무시한다." 여러분에게 만약에 한 가지 죄를 용서해 주는데, 돈 100만 원씩을 가져오라고 해봅시다. 그거는 오히려 가져올 겁니다. 어떻게 해서든지 일부러 가져올 겁니다. 왜요? 뭐, 대가를 치르면 될 줄 알고 말입니다. 그런데 하나님은 그렇게 안 만들어 놨습니다. 믿습니까? 여러분의 입으로

"주여!"를 한번 부르면 됩니다. 따라서 해봅시다. **"주여!"**

    그리고 죄뿐이 아니라 모든 문제가 다 그러는 겁니다. 예를 들어, 구약시대에는 몸이 아프다면 유월절 양 한 마리를 가져와야 합니다. 그러면 우슬초를 뿌려서 정결케 한 뒤에 사람의 병을 짐승으로 옮깁니다. 제사장이 똑같이 사람 손에다 손을 얹고 짐승 손에다 손을 얹어서 하나님께 기도합니다. "하나님, 이 사람의 병을 짐승으로 옮기세요. 양으로 옮기세요." 그러면 이 사람의 병이 짐승한테로 옮겨지는 겁니다. 이게 유월절입니다. 병 말고 나머지도 다 똑같습니다. 자기가 가지고 있는 문제, 가난, 질병, 모든 문제를 단 하나도 빠짐없습니다. 인생의 모든 문제, 전체입니다. 전체를, 나의 문제를, 나의 것을, 사람의 것을 짐승에게로 옮기는 것, 이것이 바로 유월절입니다.

내 모든 죄 짐을 주께 넘기고 기쁨을 누리기

    재미있는 예화가 있습니다. 어떤 선교사가 한국에 왔습니다. 트럭을 타고 시골길 비포장도로를 가는데, 어떤 권사님이 5일장에서 왕창 물건을 사서 무거운 짐을 머리에 이고 가고 있었습니다. 선교사가 그걸 보고 차를 세웠습니다. "어디까지 가시오?" "저 너머 가요, 저 너머." "그래요? 타세요. 차를 타세요." 그러니까 권사님이 트럭에 탔습니다. 그 권사님뿐만 아니라 몇몇 분들이 더 탔습니다. 모두 자기 장 본 물건 다 가지고 탔습니다. 선교사가 출발해서 한참을 가는데, "앞에 뭐지?" 하면서 브레이크를 딱 밟았습니다. 그러자 뒤에 탄 여자들이 와당탕하고 다 넘어졌습니다. 선교사가 보니까, 이 사람들이 차를 타고도 무거운 짐을 다 지고 있었던 겁니다. 짐을 차에다 내려놓고 그냥 손으로 딱 차를 붙잡아야 하는데 말입니다. 그래서 선교사가 물었습니다. "권사님, 차를 타고 짐을 내려놓고 손으로 딱 차를 붙잡고 있어야지, 왜 그걸 말이야, 차를 타고도 짐을 머리에 이고 있어요?" 그랬더니, "나를 태워 준 것만 해도 감사한데 이 무거운 짐까지 어떻게 차에 신세를 지게 하나요?" 이랬다는 겁니다. "차를 태워 준 게 감사하니 짐은 내가 계속 지고 가야지." 이렇게 대답했다는 게 옛날 부흥사들의 메들리입니다.

예수 앞에 나왔으면, 예수님을 믿으면, **"주여!"**를 부르면, 이미 내 짐은 예수님께로 다 넘어간 겁니다. 죄의 짐도 다 넘어갔습니다. 나의 문제의 짐도 다 넘어갔습니다. 이제는 기뻐 뛰며 주님을 보면 됩니다. 차에 짐을 내려놓고 편안히 가면 됩니다. 그런데 예수 믿으면서 교회에 와서도 계속 자기의 짐을 머리에다 이고 "거좀 내려놓으시오." 그러면 "아이고, 차 태워 주는 것만 해도 감사한데 그걸 또 미안하게 어떻게 무거운 짐을 내려놔요?" 이렇게 말하는 사람이 있다는 겁니다. 유월절이 없으면, 그렇게 산단 말입니다. 유월절이 없으면, 예수님이 죽은 십자가의 효과를 모릅니다. 모르고 계속 자기가 붙잡고 있는 겁니다. 자기의 모든 짐은 자기가 책임을 져야 하는 것처럼 말입니다. 정말 안타까운 장면입니다. "주여!"를 부름으로 그 모든 죄책감은 내게서 예수님 쪽으로 넘어간 것인데, 그걸 모르고 있으니 답답합니다. 나의 모든 짐을 주님께 넘겨야 합니다.

사람은 자기의 부족한 거에 대한 책임감을 가지고 있습니다. 책임감이요. 죄를 지면, 죄에 대한 책임감을 가집니다. 그걸 죄책감이라 그럽니다. 여러분이 못나면, 못난 거에 대한 책임감을 사람이 가지고 있습니다. 돈을 못 벌면, 부끄럽게 생각합니다. 내가 돈 못 버는 거에 대한 책임감, 여러 가지 무거운 책임감을 사람이 가지고 있단 말입니다. 그런데 그 책임감을 내가 갖지 말고 오늘 예수님 쪽으로 넘기라고 하는 겁니다. 예수님이 2000년 전에 십자가에서 우리의 **"죄, 가정, 사업, 자녀, 돈, 질병,"** 모든 문제를 십자가에서 해결했습니다. 그러니까 내가 입으로 "주여"라고 고백하고 넘기기만 하면 되는 겁니다.

유월절의 시작

유월절이 처음으로 이루어진 것은 모세 시대였습니다. 모세가 처음 유월절을 시작했는데, 시작한 이유에 대한 이야기하겠습니다. 이스라엘 백성들은 아브라함의 후손입니다. 아브라함이 이삭을 낳고, 이삭이 야곱을 낳았습니다. 야곱이 12명의 아들을 낳고, 애굽 땅으로 이주했을 때 자손들이 70명으로 번졌습니다. 애굽에서 400년을 살았는데, 어린이, 여자, 노인을 빼고 전쟁을 담당할 수 있는 장년만 60만 명으로 늘어났습니다. 그 당시 애굽의 바로 왕이 엄청나게 세력을 넓히는 이스라엘 백성을 보고, 겁이 났습니다. 전쟁이 일어날 때, 이스라엘 백성이 내부의 적으로 돌아설까 봐 무서웠던 겁니다. 그래서 이스라엘 백성을 핍박합니다.

바로 왕이 이스라엘 백성들에게 남자를 낳으면 다 죽이라고 했습니다. 그리고 이스라엘 백성들에게 힘든 일을 시켰습니다. 이스라엘 남자의 수를 줄이는 정책을 펼친 겁니다. 그때 하늘의 하나님이 모세를 불렀습니다. 그리고 이스라엘 백성들이 애굽 땅에서 나올 수 있도록 인도하라고 명령했고, 그 명령대로 모세는 애굽 땅에 가서 바로 왕에게 이스라엘 백성들을 데리고 나가겠다고 했습니다. 하지만 바로 왕은 허락하지 않죠. 그래서 하나님께서 애굽 땅에 10가지 재앙을 내리시는데, 유월절의 시작이 바로 10가지 재앙 중에 마지막 열 번째 재앙과 관련이 되어 있습니다.

하나님이 모세에게 말씀하셨습니다. "모세야, 너희 백성, 이스라엘 백성들에게 전해라. 집집마다 다 어린 양 한 마리를 준비해라. 그 양을 잡아서 양의 피를 가지고 문설주에 발라라. 그리고 너희들은 그 피를 바른 집 안에 방 안에 저녁에 하루를 숨어 있어라. 그때 내가 하늘의 천사를 보내서 피를 발린 문 그 집 말고 다른 방에 사는 자들의 첫 장자를 다 죽일 것이다. 피를 발라놓은 집만 내가 보호하여 주리라." 그래서 이스라엘 백성들이 모세가 시킨 대로 어린 양을 잡아서 피를 가지고 문설주에 발랐습니다. 하늘의 천사가 내려와서 어린 양의 피를 바른 문은 넘어가고, 그렇지 않은 곳은 첫 장자를 모두 죽였습니다. 하늘의 천사가 죽일지 안 죽일지 집을 고르는 표시가 뭐냐면 어린 양의 피입니다. 이것은 무슨 뜻입니까?

구약에 역사적으로 나타난 유월절인데, 이스라엘 백성들이 400년 동안 애굽 땅에서 종살이하는 것처럼 이 땅에 태어난 모든 인간은 다 태어날 때부터 사탄의 종이라는 겁니다. 사람은 이 땅에 태어나면서부터 사탄이 사람을 딱 틀어쥐고 있는 겁니다. 그리고 인간들이 얼마나 비참하냐? 마귀가 사람을 틀어쥐고 있음에도 불구하고, 인간들이 마귀에게 붙잡혀 있는 줄 모르고 살아갑니다. 세상 사람들한테, "당신, 마귀가 당신을 틀어쥐고 있어" 그러면 벌컥 화를 냅니다. 인간이라면, 당연한 이야기일지 모릅니다. "내가 왜 마귀한테 붙잡혔냐?" 이게 인간의 연약함입니다.

성경은 말하기를, 모든 인간은 태어나면서 사탄의 지배하에서 태어난다고 합니다. 에베소서 2장 1-2절을 읽어봅시다.

"너희의 허물과 죄로 죽었던 너희를 살리셨도다. 그 때에 너희가 그 가운데서 행하여 이 세상 풍속을 좇고 공중의 권세 잡은 자를 따랐으니 곧 지금 불순종의 아들들 가운데서 역사하는 영이라"(엡 2:1-2).

유월절이 이스라엘 백성들에게는 애굽의 바로의 손에서부터 해방된 날이고, 신약시대 우리에게는 마귀의 손에서 풀려나는 날입니다. 유월절이 이스라엘 백성들에게는 애굽에서 바로의 손에서 해방된 날, 바로가 백성들을 풀어준 날, 엑소더스(Exodus), 출애굽입니다. 신약시대 우리에게는 마귀로부터 풀려난 날입니다.

애굽의 바로 왕이 이스라엘 백성들을 한 번 틀어쥐고 절대 안 풀어준다고해서 재앙을 퍼부어도 안 된다고 그랬습니다. 그러다가 유월절이 선포되어서 어린 양의 피를 딱 발라놓고 하늘의 천사가 내려와 첫 장자들이 죽으니까 바로가 소리를 지릅니다. "당장 데리고 나가! 데리고 나가라니까! 야, 너희들, 빨리 가! 꼴도 보기 싫어! 너희들이 여기 있다가 우리 애들 다 죽게 생겼다!" 바로가 손발을 다 들었습니다.

이게 우리나라의 8월 15일 광복절과 같습니다. 우리나라로 말하면, 일본으로부터 해방된 날입니다. 유월절이 이스라엘 백성들이 애굽 땅에서 해방된 날, 빠져나온 날입니다. 우리가 일본 천황에게서 벗어난 날이 8.15인 것처럼 바로의 손에서 해방된 날입니다. 유월절은 이스라엘 백성들이 바로의 식민지에서, 바로의 종에서부터 빠져나온 날이 유월절입니다. 근데 왜 이스라엘 백성들이 애굽의 바로에게서 빠져나오는 기념식이 유월절로 돼 있습니까? 그 이유는 신약시대에 이루어질 것을 상징적으로 예행연습을 한 겁니다.

오늘 우리를 하나님이 바로와 같은 마귀의 손에서 우리를 해방시키시는 날이 유월절입니다. 그러니까 어린 양의 피를 부르고 우리 가슴에 유월절이 임하면, 원수 마귀 사탄이 사람들을 풀어줍니다. 바로 왕이 "가라"라고 이야기했던 것처럼 말입니다. "넌 하나님께로 가라!" "난 무서워서 이제 더 이상 내가 너를 붙잡고 있을 수 없다." 이렇게 중요한 것이 유월절입니다.

모든 인간은 사탄에게 붙잡혀서 태어납니다. 인간은 태어나면서부터 사탄의 점령 하에 있다는 겁니다. 그러니까 성악설, 성선설, 공자님 말씀 중에 어느 게 맞느냐? 성악설이 맞는 겁니다. 인간은 태어나면서부터 이미 벌써 악에 물들어서 태어납니다. 사탄의 손에 이미 점령되어서 태어납니다. 이렇게 인간은 이 땅에 태어날 때 자기도 모르게 사탄에게 이미 붙잡혀서 이 사탄에게 포로로 태어나는데, 이것을 풀어줄 자는 어린 양 예수밖에 없습니다. 여러분과 제가 입으로 예수님을 부르기만 하면, 예수님의 피를 부르기만 하면 이 문제가 다 해결됩니다. **"예수님" "보혈의 능력! 예수 피!"** 이렇게 외치면, 사탄이 그 사람을 풀어주는 겁니다. 사탄에 붙잡힌 인간을 하나님이 유월절의 피로 우리를 사탄의 손에서 풀어 주신다, 해방시켜 주신다는 겁니다.

"주의 성령이 내게 임하셨으니 이는 가난한 자에게 복음을 전하게 하시려고 내게 기름을 부으시고 나를 보내사 포로 된 자에게 자유를, 눈먼 자에게 다시 보게 함을 전파하며 눌린 자를 자유케 하고"(눅 4:18).

포로 된 자에게 무엇을 준다고 하셨습니까? **'자유를!'** 눈먼 자를 보게 하고, 아멘! 이것을 해주시기 위하여 유월절이 나타난 겁니다.

유월절이 임한 사람은 사탄이 빠져나간 걸 압니다. "사탄이 빠져나갔어. 마귀가 조금 전에 내 속에서 나갔어." **"나갔어."** 그날이 유월절입니다. 자기한테서 마귀가 나간 것을 못 느낀 사람 있죠? 그 사람은 아직 마귀한테 붙잡혀 있는 겁니다. 그 사람은 아직 유월절이 안 온 겁니다. 유월절이 온 사람은 자기의 과거의 상태에 대해서 알고 큰 충격을 받습니다. 바울도 마찬가지입니다. "내가 어두움에 있을 때 내가 나를 알지 못하였더니 내가 빛 가운데로 나오니 내가 나를 알게 되었노라." 아멘!

유월절의 해석

출애굽기 12장 1-2절을 읽어봅시다.

"여호와께서 애굽 땅에서 모세와 아론에게 일러 가라사대 이 달로 너희에게 달의 시작 곧 해의 첫 달이 되게 하고"(출 12:1-2).

"출발이 되게 하라." 이게 무슨 뜻입니까? 굉장히 중요한 겁니다. 유월절부터 해의 시작의, 첫 달이 되게 하라는 말은 하나님은 유월절이 오지 않는 사람을 인간으로 생각 안 하는 겁니다. 짐승으로 생각하는 겁니다. 다시 말해서 그 사람의 살았던 모든 삶이 무효인 겁니다. 내 가슴에 유월절이 오면, 그날부터 그 사람을 인간으로 보시고 그때부터 삶의 나이를 세기 시작하는 겁니다.

하늘나라를 가면, 천국을 가면 두 책이 있습니다. 하나는 생명책이고, 다른 하나는 행위록입니다. 요한계시록 20장 11-12절을 읽어봅시다.

"또 내가 크고 흰 보좌와 그 위에 앉으신 자를 보니 땅과 하늘이 그 앞에서 피하여 간데 없더라 또 내가 보니 죽은 자들이 무론 대소하고 그 보좌 앞에 섰는데 책들이 펴 있고 또 다른 책이 펴졌으니…"(계 20:11-12).

여기서 말하는 책들이 행위록과 생명책입니다. 생명책은 예수 그리스도를 영접하고 유월절이 가슴에 임하여 하나님의 자녀가 되어 출발을 한, 구원받은 사람들이 써진 책입니다. 이 생명책 안에 구원받은 성도들의 이름, 그 다음에 착한 일한 거, 예수 믿고 착한 일 한 것이 써졌습니다. 예수 믿기 전에 착한 일 한 것은 하나도 기록이 안 됩니다. 그러니까 천국은 도덕적 선을 선으로 취급하지 않습니다. 천국은 주님께로부터 오는 관계적 선만 선으로 취급합니다. 이 땅에서의 인간의 도덕적 선은 선으로 계산을 안 합니다. 아예 기록도 안 한다니까요. 모든 예수 믿지 않는 사람들의 기록은 다 행위록입니다. 불신자의 책입니다.

여러분과 저는 생명책에 많이 기록이 돼야 합니다. 예수 안 믿는, 구원받지 못한, 유월절이 임하지 않는 사람은 생명책에는 아무 내용이 없습니다. 큰일 나는 거죠. 생명책에 기록되지 않는 사람은 불못에 던져집니다(계 20:15). 지옥에 갑니다. 선한 일이고 자시고 그걸 떠나서 일단 지옥 가버립니다.

그 생명책에 기록되는 날이 언제냐? 시작이 언제냐? 유월절입니다. "달의 시작 곧 첫 시작이 되게 하라." 이 생명책의 출발이 유월절부터 시작이 됩니다. 유월절은 그 사람이 하나님께로부터 인정받는 시작의 첫 순간입니다. 여러분에게 유월절이 임해야 합니다.

출애굽기 12장 3-4절을 읽어봅시다.

"너희는 이스라엘 회중에게 고하여 이르라 이 달 열흘에 너희 매인이 어린 양을 취할찌니 각 가족대로 그 식구를 위하여 어린 양을 취하되 그 어린 양에 대하여 식구가 너무 적으면 그 집의 이웃과 함께 인수를 따라서 하나를 취하며 각 사람의 식량을 따라서 너희 어린 양을 계산할 것이며"(출 12:3-4).

여기서 보면, 유월절의 특징이 나옵니다. 바로 **'각각'**입니다. 어린 양을 먹되 각각 먹어라. 이 말은 구원은 '각각'이라는 겁니다. 내가 구원받기를 원하면, 내가 어린 양을 먹어야 됩니다. 그 어린 양이 바로 예수입니다. 가정을 대표하여 한 사람이 예수 잘 믿는다고 보너스로 그 가족 식구들이 다 구원받는 게 아닙니다. 대표성이 아닙니다. 이걸 꼭 알아야 합니다. 구원은 대표성이 아니라 '각각'입니다. 내가 배가 고프면, 누가 밥을 먹어야 합니까? "여러분! 배고프지? 기다려. 내가 대신 먹고 올 테니까." 말이 안 되지요? 그와 똑같은 겁니다. 구원은 각자 받는 겁니다. 아무리 아내가 예수 잘 믿어도 남편이 구원받는 일이 없습니다. 그러나 한 가지 유익한 것은 가까운 데 예수 믿는 사람이 있으면, 가족이 잘 믿으면, 그 사람의 도움은 받을 수 있습니다. 결국 구원은 자기가 믿어야 하는 겁니다. 대신 받아주는 건 없습니다.

그 다음 5-7절을 보면, 유월절의 피가 어떻게 쓰여 있는지 나옵니다.

"너희 어린 양은 흠 없고 일 년 된 수컷으로 하되 양이나 염소 중에서 취하고 이 달 십 사일까지 간직하였다가 해 질 때에 이스라엘 회중이 그 양을 잡고 그 피로 양을 먹을 집 문 좌우 설주와 그 인방에 바르고"(출 12:5-7).

예수님의 피를 상징하는 어린 양의 피를 받아서 사람이 들어가는 문 인방에, 문 위에, 밑에, 좌우 문설주, 방 거기에 바릅니다. 그런데 이것을 방 안에서 바르라고 하지 않습니다. 방 바깥에 바르라고 합니다. 방 안에 들어간 구원의 당사자는 그 피가 보이지 않게 하라는 겁니다. 바깥에서 보이게 하라는 겁니다.

이 말은 잘 들어야 합니다. 이게 피의 핵심이란 말입니다. 이 말은 뭐냐 하면, 예수 그리스도 어린 양의 보혈의 피는 구원의 당사자에게는 안 보이게 돼 있습니다. 예수 그리스도의 보혈의 피는 여러분과 제가 태어나기 전에, 2000년 전에 일어난 일입니다. 십자가에서 이미 일어난 일입니다. 여러분과 저는 그것을 본 적이 없습니다. 하지만 우리는 그것을 믿음으로 들어가는 겁니다. 예수 그리스도의 보혈의 피는 성도들이 가슴으로 느끼는 게 아니고 믿음으로 받아들이는 겁니다. 직접 눈으로 보지 않았지만, 믿음으로 받아들이는 겁니다.

그런데 이 시대 많은 사람들이 예수님의 피에 대하여 믿음이 아니라 가슴으로 느끼려고 하다가 다 실패하는 겁니다. 느낀다는 게 뭐겠습니까? 예를 들어보겠습니다. "목사님! 나요, 죄를 지었어요. 그래서 너무 가슴이 답답해요." "죄 지니까 가슴 답답하지요." "어떻게 하면 돼요?" "2층 성전에 올라가서 부르짖어요. 하나님께 '주여' 한 번 해봐요. '주여! 주여! 잘못했습니다. 내 죄를 용서해 주세요. 잘못했습니다." 이렇게 기도하고 당회장실로 내려왔습니다. 한참 후에 그 성도가 찾아왔습니다. "그래서 회개했어요?" "회개했어요." "어떻게요?" "제가 잘못했습니다. 입으로 다 토했어요." 그러면 목사님들이 괜히 성경에도 없는 말을 물어봅니다. "가슴이 시원하나요?" "더 답답한데요." "다시 올라가요. 다시 올라가서 또 소리 질러요." "주여! 주여!" 목사님들 말처럼 소리를 지르고 또 내려왔습니다. "어떻게 했어요?" "부르짖었어요." "가슴이 시원하나요?" "지금도 답답한데요."

이렇게 하는 것은 죽을 때까지, 주님 재림할 때까지 해도 가슴이 시원한 일이 없습니다. 마귀한테 순서의 속임수에 진 겁니다. 원수 마귀 사탄이 다른 성경도 비틀지만, 원수 마귀 사탄은 예수님 보혈의 피에 대하여 비틀어버립니다. 예수의 피의 방법, 가치, 뜻을 우리가 사실대로 알까 봐 사탄은 벌벌 떨고 있습니다. 그래서 사탄이 성경을 비틀고 왜곡시키는 핵심이 예수님의 피입니다. 예수님의 피에 대해서 마귀가 총승부를 겁니다. 우리는 마귀와의 싸움에서 예수의 피에 대해서 이겨야 합니다. 이것은 뭔 말이냐? 피는 느끼는 게 아닙니다. 예수님 피는 느끼는 게 아니고 사실을 사실대로 받아들이는 겁니다. 느낌은 그 후에 오는 겁니다. 순서가 바뀌면 안 됩니다. 느낌이 오고 난 뒤에 사실을 인정하는 게 아니고, 사실을 받아들인 뒤에 느낌이 뒤따라오는 겁니다. 기쁨도 마찬가지요, 평강도 마찬가지입니다. 아멘! 모든 속죄를 통하여 나에게 일어나는 체험은 사실을 받아들인 뒤에 일어나는 겁니다.

"성부 하나님, 성자 하나님, 성령 하나님," 삼위일체 하나님이 천국에서 이 땅에 오시기 전에, 예수님이 이 땅에 오시기 전에 회의를 했습니다. 천국에서도 회의를 했습니다. 욥기서를 보면, 하늘의 천상 회의를 했다고 그러잖습니까? 회의를 할 때에 예수님이 이 세상에 사람으로 여자의 배를 빌려 내려가서, 십자가에 피를 흘려 죽을 것을 약속합니다. 그리고 예수님이 흘린 그 피의 가치와 뜻을 알고 도움을 받기를 원하는 자, 그 피의 도움을 받기를 요청하는 자는 어떤 죄든지, 죄의 종류와 양과 상관없이 모든 죄를 다 사해주기로 계약서를 씁니다. 성경으로 말하면, 바로 언약입니다. 이 언약을 맺고 예수님이 이 세상에 내려왔단 말입니다.

그래서 예수님이 이 땅에 와서 십자가에 죽을 때 마지막 하신 말씀이 뭐라고 했습니까? **"다 이루었다!"** 우리는 왜 예수님이 십자가에서 다 이루었다고 말을 하는지 몰랐습니다. "하나님, 내가 이 땅에 오기 전에 하늘나라에서 나하고 회의할 때에 그때 약속한 계약서, 그 계약서를 나는 지금 다 이루었습니다." 그것이, 뒤의 말이 깔려 있는 겁니다. 계약의 당사자인 예수님 쪽에서 할 일을 다 했다 이겁니다. 이제는 계약에 묶인 분은 누구냐? 하나님입니다. 예수님은 계약서대로 십자가에서 다 이루었으니 약속한 대로 예수 그리스도를 구주로 고백하는 자들의 모든 죄를 사해 달라는 겁니다. 예수님의 피에 도움을 요청하는 사람은 다 용서하기로 한 겁니다. 아멘!

예수님의 피에 도움을 요청하는데, 구약시대는 어떻게 요청했습니까? 예수님이 오시기 전이니까 그림자를 통하여 죄 용서받았는데, 앞서 말한 대로 사람의 죄를 양으로 옮겨서 복잡하게 돼 있습니다. 신약시대에는 복잡하게 안 해도 됩니다. 간단히 입으로 시인하면 됩니다. 내 입으로 이렇게 말하면 됩니다. **"주님, 예수의 피로 나의 죄를 씻어주세요."** 이 말 한마디면 되는데, 왜 못 하냐고요!

사람들이 이 말을 입으로 안 하려고 그럽니다. 그 이유는 사람들이 인간의 이성의 폭으로 이해가 안 되는 겁니다. '아니, 내 죄를 내가 아는데, 얼마나 큰지 내가 아는데, 나는 내가 봐도 인간도 아닌데, 난 짐승인데, 나같이 이런 큰 죄가 말로 한다고 이 모든 게 없어진다고?' 이렇게 하나님이 만들어 놓은 제도를 우리가 업

신여기는 겁니다.

우리의 입술로 **"주여!"** 외치고 하나님께 고백하면 됩니다. 그 말을 못 하냐고요? 요한일서 1장 9절을 한번 읽어봅시다.

"만일 우리가 우리 죄를 자백하면 저는 미쁘시고 의로우사 우리 죄를 사하시며 모든 불의에서 우리를 깨끗케 하실 것이요"(요일 1:9).

예수님의 피가 내게 역사하게 하려면, 우리는 마음으로 믿어 입으로 시인하여, 입으로 예수님의 피를 불러야 하는 겁니다. 이렇게 쉽습니다.

예수의 피가 역사하는 3대 방향

예수님의 피에는 적용 범위가 있습니다. 예수님의 피의 적용 범위는 죄에만 적용하는 것이 아닙니다. 우리의 삶의 공간 전체에 예수의 피를 뿌려야 합니다. 예수의 피가 역사하는 3대 방향이 있습니다. 첫째는 '하나님의 공의'의 역사입니다. 하나님의 공의는 죄에 대해서 나타납니다. 죄지은 사람에게 무조건 심판으로 나타납니다. 이게 공의의 하나님입니다. 그런데 하나님의 공의에 대해선 나아갈 길이 없습니다. 그때 우리가 불러야 할 것은 예수의 피입니다. 예수의 피를 부르면, 하나님의 공의가 해결됩니다. 우리를 죽이려고 달려들다가도 우리 입에서 예수의 피를 부르면,

다 해결됩니다. 아멘!

유월절에 예수의 피를 상징하는 어린 양의 피를 문설주 바깥에 바르니까, 죽음의 사자들이 심판하러 왔다가 그 집 안에 있는 사람이 뭘 하는지 천사들이 보지 않았습니다. 부부 싸움을 하고 있는지, 여자가 막 남편 넥타이를 잡고 막 흔들고 있는지, 할퀴고 있는지, 집 안에서 일어나는 일을 살피지 않고, 문밖에 있는 피를 보고 넘어갑니다. 피가 있으면, 그 안에서 뭔 발광을 떨어도 괜찮은 겁니다. 피가 없는 집은 그냥 심판으로 나타납니다. 이와 같이 어린 양 예수의 피는 하나님의 공의를 잠재우는 능력이 있습니다.

두 번째로 예수의 피는 '인간의 양심'을 잠재웁니다. 인간의 양심입니다. 여러분, 죄지은 거 다 알지 않습니까? 스스로 양심이 다 알잖습니까? 이 양심을 달랠 길이 없습니다. 왜 그렇습니까? 자기는 자기를 알기 때문입니다. 이것을 대항할 수 있는 유일한 길이 예수의 피뿐입니다.

마지막으로 '사탄의 참소'입니다. 원수 마귀 사탄이 우리한테 죄를 자꾸 생각나게 하고 고자질합니다. "너, 죄지었지? 너 같은 자는 예배드릴 자격도 없어. 네가 무슨 교회를 다녀? 야, 인마, 너 교회 다니는 것 때문에 오히려 예수가 욕먹어. 야, 양심이 있어야지, 그만두라고, 그만둬!" 이렇게 마귀가 참소합니다.

어느 마을에 믿음이 신실한 노처녀 성도가 살고 있었습니다. 하루는 목사님의 설교 중에 예수님이 '세상 끝날까지 너희와 항상 함께 있으리라'(마 28:20)라는 말씀을 듣고 너무 감동을 받아, 그날부터 말씀에 입각하여 살기 시작했습니다. 집의 안방 침대에 베개 하나는 자신의 것 또 하나는 예수님의 것을 두고, 식탁에 숟가락 하나는 자신의 것 또 하나는 예수님의 것을 두고, 길을 걸을 때 손 하나는 자신의 주머니에 넣고 다른 하나는 예수님의 손을 잡고 걸어 다녔습니다. 이 노처녀 성도의 특이한 행동이 소문이 나자, 결국 목사님은 그녀를 불러서 혼냈습니다. "내가 그냥 한 말이지, 그것을 진짜 믿는단 말입니까?" 그러자 노처녀 성도는 대답했습니다. "목사님, 아닙니다. 진짜 예수님이 저와 늘 함께 하십니다." 그러자 목사님은 한 가지 제안을 했습니다. "좋습니다. 그렇다면 증명을 해 보세요. 제가 예수님을 믿기 전에 지은 무시무시한 죄가 무엇인지 예수님께 여쭤봐서 맞추면 인정해 주겠습니다." 그날 저녁 노처녀 성도는 통곡하며 예수님께 알려달라고 기도했습니다. 그러자 예수님은 정말 환상으로 나타나셔서 노처녀 성도에게 이렇게 말하라고 가르쳐 주셨습니다. "나 예수는, 생각하고 또 생각해 보아도, 한 번 회개한 죄는 도저히 기억이 나지를 않는다." 다음 날, 이 말을 들은 목사님은 통곡하며 자신의 믿음 없음을 예수님에게 회개하고, 노처녀 성도의 믿음은 많은 사람을 살리는 간증이 되었습니다.

신앙생활을 할 때 가장 힘든 것이 거듭되는 죄입니다. 사단은 우리가 예수님의 피의 가치와 뜻을 사실대로 알까 봐 벌벌 떨고 있습니다. 그래서 성경의 모든 내용을 비틀지만, 그중 가장 왜곡하는 것이 예수님의 피입니다. 사단은 예수님의 피에 대하여 총승부를 겁니다. 그래서 우리는 피에 대해서만큼은 사단과의 싸움에서 이 노처녀 성도처럼 말씀에 입각하여 살아야 합니다. 죄를 자백하면 용서해 주시는 하나님의 약속을 붙잡고 사단의 참소를 이겨야 합니다.

참소할 때 우리는 예수의 피를 들고 가야 합니다. **"사탄아 물러가라."** 예수 믿을 때는 좀 뻔뻔해야 합니다. 사탄한테 담대해야 합니다. 이렇게 사탄이 자꾸 내 죄를 생각나게 하거든 이렇게 대하면 됩니다. "사탄아, 내가 죄지은 거 너도 잘 아는구나. 나도 알아. 근데 넌 떠들지 마. 입 닥쳐. 내가 왜 죄를 자주 짓는지 아냐? 내가 죄를 안 지으면 예수님의 피가 써먹을 데가 없을까 봐. 그래서 내가 가끔 죄를 지어주는 거야. 알았냐?" "그래, 나 죄인이야. 나 소망이 없어. 그래서 예수님이 필요한 거야!" 이렇게 뻔뻔해야 합니다. 사탄한테는 담대해야 합니다. 사탄이 자꾸 참소하면서 "너 죄지었지?" 그러면 이제 기가 죽어서 "그래. 맞아. 그래." "너 자살해서, 넌 죽어야 해. 네가 인간이야?" "그래. 맞아. 그렇지 않아도 죽으려고 생각했었어." 이러면 안 되는 겁니다. 마귀에 대하여 주님 피를 가지고 맞서서 주장해야 합니다.

예수의 피는 모든 삶의 공간에 적용

할렐루야! 이 예수의 피는 죄에만 적용하는 게 아니고 모든 삶의 공간에 예수 피가 적용됩니다. 모세가 애굽 땅에 자기 백성을 구원하러 가는데, 예수의 피를 모르고 가고 있었습니다. 그러니까 하나님이 모세를 죽이려고 했습니다. 하나님이 모세를 보내놓고도 그를 죽이려고 합니다. 이 상황에서 옆에 있던 모세의 부인인 십보라가 입으로 "이는 나의 피 남편이니라. 보혈이오." 그랬더니 금방 하나님의 심판이 없어진 겁니다. 말 한마디 해서 죽고 살잖습니까? 그 입에서 피를 부르니까 살았습니다. **"피."**

이와 같이 죄에만 적용된 게 아닙니다. 질병, 몸이 아프다 그러면 예수의 피로 대항해야 합니다. 몸 아프면 무조건 목사님한테 안수기도 받으려고 하지 말고 예수의 피로 여러분의 병을 대항하면 됩니다. 몸이 아프면 이렇게 선포합시다. "예수의 피로 명하노니 병마야 나가라! 고쳐져라!" 아멘! 몸이 안 아파도 여러분 피곤할 때 있죠? 아주 몸이 피곤하고 너무 가라앉을 때도 피를 한번 써 봅시다. 금방 상쾌해집니다. **"예수의 피! 예수의 피!"** 여러분의 사업이 잘 안 된다면 예수의 피를 동원합시다. 여러분의 자녀들에게도 예수의 피를 동원합시다. 모든 삶 속에 예수의 피를 우리는 백분 활용해야 합니다. 믿습니까?

예수의 피를 우리가 쓰는 범위가 너무 좁습니다. 꼭 죄 용서하는 데만 예수의 피를 사용하는데, 그러지 말고 우리의 모든 사건, 우리의 모든 가정, 삶 전체에 적용해야 합니다. 구약 성경을 보면, 피를 바르는 부분이 얼마나 많습니까! 성막에도 시작부터 지성소까지 피입니다. 다 피입니다.

여러분, 예수의 피를 백분 활용하여 무조건 '피! 피! 피!'입니다. **"예수의 피!"** 이것으로 승리할지어다! 이렇게 말하면, 여러분들이 "아이고, 목사님, 꼭 유치원 애들 놓고 하는 소리같이, 목사님, 아이고, 말을 좀 이해되도록 해주세요. 피를 말한다고 뭐 사업이 잘되고, 피를 말한다고 뭐 문제가 해결되고, 피를 말한다고 병이 났고, 그러나요?" 하고 말하겠죠?

여러분, 지금 여러분 손에 스마트폰이 다 있습니까? 불과 몇 년 전까지만 해도 이 스마트폰을 열어서 손으로 눌러야 글씨도 되고 전화도 가고 했잖습니까? 근데 이제는 최신 스마트폰은 딱 열어놓고 말로 하면 여기에 글이 써집니다. 근데 이걸 2000년 전에 오늘날의 시대에 일어나는 일을 한 번 말한다고 쳐봐요. "여러분, 2000년이 지나면 스마트폰이란 것에 말만 하면 글로 다 써집니다." 2000년 전에 그렇게 말하면, 모든 사람들이 미쳤다고 하거나 이단이라 그럴 겁니다. 그 말을 누가 믿겠습니까?

지금 제가 여러분에게 '예수의 피'를 부르라고 말하고 있잖습니까? **"피."** 피 부르면, 그 피의 역사가 일어난다는 말을 하고 있는데, 이 말을 여러분이 이해하는 것은 천국에 가서 하면 됩니다. 이 땅에서는 믿음으로 부르면 됩니다. 이해는 천국 가서 하면 됩니다. 2000년 전에 스마트폰에다 말을 하면 글을 써진다는 것을 누가 알았겠습니까? 수십 년 전에도 몰랐지 않습니까? 그때는 안 되잖습니까? 근데 기술이 발전하니까 되잖습니까! 이와 같이 지금 이 공간에서 영적으로 일어나는 피의 역사를 인간의 이성이 받아들이지 못하는 겁니다. 이해가 불가능한 겁니다. 그런데 하나님 나라에 가면 이 모든 게 이해가 됩니다. 그러니까 예수의 피를 부르라고요. 피로, 예수의 피로 재앙을 이기십시오. 어두움을 이기십시오. 할렐루야.

원수 마귀 사탄으로부터 피를 가지고 우리는 늘 이겨야 합니다. 원수 마귀 사탄이 자꾸 피에 대해서 의심하게 하려고 합니다. '2000년 전에 한 사람, 십자가에 죽은 예수님이 피를 흘렀으니 예수님 피 때문에 한 사람의 죄는 용서할 수 있다. 근데 한 사람이 죽었는데 왜 모든 사람이 다 해당이 될까, 한 사람이 죽었는데?' 하고 의심을 일으킵니다. 사람의 생각으로 한 사람의 피로 모든 사람의 죄를 용서할 수 없다는 말입니다. 하지만, 하나님이 예수님 피에 대해서 관계성으로 그 피 값을 계산하는 겁니다. 숫자로 하는 게 아닙니다.

이 세상에 있는 사건으로, 교통사고로 사람이 죽습니다. 교통사고로 죽으면 보험회사에서 사람들에 따라 지급하는 금액이 다릅니다. 같은 생명인데도 왜 피 값, 생명의 가치를 달리합니까? 그와 같이 예수님의 피는 하나님과의 관계성 때문에 얼마만큼 크냐? 이 우주를 다 합쳐도 안 됩니다. 그래서 예수님 피는 모든 사람을 다 살 수 있습니다.

그리고 마지막으로, 2000년 전에 죽은 사건이 왜 지금 나한테 해당이 될까? 예를 들어보겠습니다. 어떤 여자가 애를 가졌습니다. 그 여자가 애 낳다가 죽을지 몰라서 보험을 들었습니다. 그런데 안타깝게도 애 낳다가 죽었습니다. 그러면 배 속에 든 애는 엄마가 보험 든 걸 압니까, 모릅니까? 아이는 당연히 모릅니다. 아이가 몰라도 아이가 성장해서 성인이 되면, 보험금이 그 아이에게 지급이 됩니다. 우리가 2000년 전에 태어나지도 않았습니다. 예수님이 십자가에 못 박힐 때 그 자리에 없었습니다. 그런데 예수님이 십자가에 못 박힐 때 우리를 다 계약서 안에 넣어 놓았습니다. 복음의 계약서 안에 다 써놓았습니다. 2000년 전에 이미 기록되어 있었습니다. 아멘! 그러므로 예수님의 십자가의 피는 모든 사람에게 해당됩니다. 우리가 할 일은 그것을 받아들이면 됩니다. 자기한테 이미 베풀어진 걸, 그것을 활용하고 받아들이면 됩니다. 속 썩이지 말고 예수 피를 붙잡으십시오. 피를 붙잡으라고요. 하나님이 다 만들어 놨단 말입니다. 예수의 피를 붙잡아야 합니다.

유월절을 대하는 우리의 태도

출애굽기 12장 5-9절을 봅시다.

"너희 어린 양은 흠 없고 일 년 된 수컷으로 하되 양이나 염소 중에서 취하고 이 달 십 사일까지 간직하였다가 해 질 때에 이스라엘 회중이 그 양을 잡고 그 피로 양을 먹을 집 문 좌우 설주와 인방에 바르고 그 밤에 고기를 불에 구워 무교병과 쓴 나물과 아울러 먹되 날로나 물에 삶아서나 먹지 말고 그 머리와 정강이와 내장을 다 불에 구워 먹고"(출 12:5-9).

유월절을 먹는 원리에 대해서 이야기합니다. 유월절 어린 양은 세 가지로 나눠서 먹으라고 합니다. 첫째, 어린 양의 '**머리**'를 잘라서 머리를 먹으라고 합니다. 이 말은 예수 그리스도, 유월절 어린 양 되시는 예수님에 대하여 정확하게 이론적으로, 교리적으로 말씀을 이해하라는 겁니다. 그냥 방방 뜨지 말고 말입니다. 왜 예수 그리스도가 유월절 어린 양인가 이것을 정확하게 이해하라는 겁니다. "**이해하라.**"

두 번째, "**내장과.**" 어린 양의 내장을 먹으란 말은 감성을 말합니다. "**감성으로.**" 예수님을 사랑함으로 먹으라는 겁니다. 사랑함으로입니다. 예수님을 사랑함으로 예수 그리스도를 먹으라는 말입니다.

마지막으로 '**정강이**'입니다. 이 말은 '**행함으로**'입니다. 그러니까 머리와 내장과 정강이는 지, 정, 의입니다. "**생각으로, 사랑함으로, 행함으로.**" 이렇게 어린 양을 접근하라는 겁니다.

여러분, 유월절 되시는 예수님을 먹읍시다. 성경을 보면, 어린 양을 먹을 때 쓴 나물과 함께 먹으라고 했습니다. 쓴 나물입니다. 쓴 나물이라고 하는 것은 예수 그리스도를 이해하고 예수님을 믿으려면 입에는 달되 그 속은 쓰다는 요한계시록 말씀처럼 예수님을 제대로 믿으려면 항상 핍박이 일어난다는 겁니다. 예수님을 믿으려면, 괜히 가만히 있는 남편이 발동을 하고, 괜히 가만히 있는 친구가 핍박합니다. 예수님을 바로 믿으려면, 쓴 나물과 함께 더불어 먹어야 합니다.

그다음에 어린 양 예수를 먹을 때, 허리에 띠를 띠고 먹어야 합니다. 이 말은 예수 그리스도의 설명을 듣거나 예배를 드리거나 주님에 대해서 알아갈 때 올바른 자세로 근신하라는 겁니다. 예수를 함부로 대하지 말라는 겁니다. 많은 사람들이 교회 와서 실패하는 것이 뭡니까? 주님을 대하는 태도가 무너집니다. 만약에 대통령이 와서 연설을 한다고 생각해 봅시다. 어떤 자세로 임하겠습니까? 다 반듯한 자세로 있지 않겠습니까? 그런데 교회는 개판입니다. 예수님을 설명하는데 다들 삐딱합니다. 그러면 안 된단 말입니다.

"허리에 띠를 띠고 발에 신을 신고 손에는 지팡이를 잡고 **급히 먹으라**…"(출 12:11). 발에 신을 신는 것은 믿음의 신을 신는 것이고, 지팡이를 잡는 것은 능력을 가리는 것입니다. 예수님을 먹는 원리에 대해서 **"급히 먹으라"**는 말은, 예수님의 설명이 들려지거든 이것을 머리로 돌리지 말라는 겁니다. '아, 이 말이 맞을까? 아, 글쎄? 다음에 한 번 3일 동안 생각해 보고, 그다음에 내가 한 번' 이러지 말고 강대상에서 떨어지는 말씀은 급히 먹으라는 말입니다. 바로 입에서 아멘이 터져야 합니다. 아멘을 3일 후에 하면 안 되는 겁니다. 바로 아멘 해야 합니다. **"아멘."** 예수님은 아멘으로 먹는 겁니다. 받아들인다는 말입니다.

"아침까지 남겨 두지말며 아침까지 남은 것은 곧 소화하라"(출 12:10).

"아침까지 남겨두지 말고." 내일로 미루지 말라! 영적 싸움에서 원수 마귀 사탄이 항상 인간에게 '다음'을 가지고 덤빕니다. "기도 좀 해요." "나중에." "성경 읽어." "나중에." 아닙니다. 우리는 다음 이라는 싸움에서 이겨야 합니다. 다음이 아닙니다. 바로바로 질 러야 합니다. 주님은 아침까지 남겨두지 말고 바로 먹으라고 하 십니다. 바로!

그다음에 불에 구워 먹으라. **"불에 구워 먹으라."** 9절을 읽어봅 시다.

"날로나 물에 삶아서나 먹지 말고 그 머리와 정강이와 내장을 다 불 에 구워 먹고"(출 12:9).

다른 세상의 어떠한 지식이나 어떤 학문이나 어떤 공부는 인간 의 머리와 이해의 폭으로 접수가 됩니다. 그러나 한 가지 잘 알아 야 할 것은 예수 그리스도는 사람의 머리로, 이해의 폭으로 절대 로 들어오지 않는다는 사실입니다. "불에 구워 먹어라!" 이 말은 성령의 능력으로 먹으라는 말입니다. 성령이 안 도와주면 절대 예수를 못 먹습니다. 예수가 이해가 안 됩니다. 예수가 이해되는 것은 인간의 이해의 폭이 아니라 성령의 능력입니다. 그래서 성령님을 의지하라는 겁니다. 믿습니까? 성령의 도움 없이는 예수가 이해 안 되는 겁니다. 예수에 대해서 접근할 수 없습니다.

예수의 살과 피를 먹고 마신다는 뜻

신약적 개념으로 출애굽기 12장을 우리 예수님이 어떻게 해석했는지, 요한복음 6장 53-56절에 나옵니다.

"예수께서 이르시되 내가 진실로 진실로 너희에게 이르노니 인자의 살을 먹지 아니하고 인자의 피를 마시지 아니하면 너희 속에 생명이 없느니라 내 살을 먹고 내 피를 마시는 자는 영생을 가졌고 마지막 날에 내가 그를 다시 살리리니 내 살은 참된 양식이요 내 피는 참된 음료로다 내 살을 먹고 내 피를 마시는 자는 내 안에 거하고 나도 그 안에 거하나니"(요 6:53-56).

이것이 예수님의 유월절입니다. 예수님이 말씀하시기를, 유월절은 내 살을 먹고 내 피를 먹는 자라고 했습니다. 이것이 바로 유월절 안에 들어가는 겁니다. 이 책을 읽는 모든 분들은 예수의 피를 마십시다. 예수의 살을 먹읍시다. 이렇게 말하면, 교회에 처음 온 사람은 이 말이 이해가 안 됩니다. "뭐라고? 예수 피를 먹어? 내가 식인종이요? 예수의 살을 먹으라고? 사람의 살을 어떻게 먹어? 내가 식인종이요?" 그 말이 아닙니다. 인간의 이성으로는 알

수도 이해할 수 없습니다. 그래서 성령이 안 도와주면, 설교를 못 알아듣습니다. 이 말은 이런 뜻입니다. 예수의 피를 먹는다는 것은 성찬식 때 포도주 마신다는 뜻이 아니고 예수 그리스도의 십자가의 피의 뜻을 이해했다는 말입니다.

정말로 예수 피를 알고, 사랑하고, 그리고 행함으로 마신 사람은 예수의 구속의 피가 내게 임할 때, 이해가 될 때, 최소한 한 번 정도는 구속의 눈물을 흘려봐야 합니다. 교회를 다니면서 예수님이 하나님이 되어서 이 땅에 사람으로 와서 나의 죄를 위해서 피 흘려 죽었다는 것을 이해하고 접수하고 그 말을 받아들였다고 하면서 한 번도 구속의 눈물이 나지 않은 사람은, 그 사람은 예수를 모르는 겁니다. 그 사람은 예수의 피를 마신 게 아닌 겁니다. 그건 교회를 다녀도 지옥에 갑니다. 사람이 매일 울고 다니는 것은 좀 문제가 있습니다. 그러나, 주님의 보혈의 피가 내 가슴을 적실 때, 나의 죄를 위하여 하나님의 아들 예수가 오셔서 십자가에서 피를 흘리셨다는 것을 한 번 정도는 눈에서 구속의 눈물이 나야 합니다. 예수의 피를 진짜로 마신 사람은 구속의 눈물을 흘립니다.

어떤 의미를 알고 모르느냐가 어떻게 차이가 나는지 봅시다. 1960년대에, 어떤 홀어머니가 남편 없이 아들 하나를 키웠습니다. 근데 군대 갈 때가 돼서 군대를 보냈습니다. 나보다 더 앞에 선배님들이 군대 가면 제일 서러운 게 배고픈 겁니다. 밥을 많이 안 준단 말입니다. 그렇게 어려움 당할 때 군대를 가니, 그 아들이 휴가를 나오면, 그 홀어머니가 아들을 볼 때 어떻겠습니까? 그런데 혼자 사는 이 엄마가 아들한테 밥 한 그릇 따뜻하게 해 줄 힘이 없습니다. 60년대 말입니다. 이 엄마가 휴가 나온 아들을 밥 한 끼 해주기 위해서 머리카락을 팔고 수건을 썼습니다. 그 돈 가지고 소고기를 샀습니다. 휴가 15일 동안 아들에게 소고깃국 먹이려고 소고기를 샀습니다. "엄마, 돈도 없는데 이거 어디서 샀어?" "저 옆집에서 너 휴가 왔다고 줬다." 저녁에 잠을 자는데, 엄마가 수건을 쓰고 잠을 잡니다. 아들이 "엄마, 잠잘 때는 벗어." 그러니까 "아니다. 내가 머리가 좀 아파서"하고 말합니다. 엄마는 아들한테 숨기고 자는데, 아들이 너무나 궁금해서 엄마 머릿수건을 들쳐보니까 엄마가 머리를 빡빡 민 겁니다. 아들이 안 겁니다. '아, 우리 엄마가 나한테 소고깃국 사주려고 머리를 저렇게 빡빡 밀었구나.' 그다음 날 아침에 소고깃국을 먹을 수 있겠습니까? 그거 처먹는 놈은 인간이 아니지요? 인간이라고 하겠습니까?

사실을 알 때랑 모를 때 이렇게 반응이 다릅니다. 기독교인들이 교회에 와서 성찬식을 합니다. 포도주로 성찬식을 하는데, 이게 뭔 뜻인지도 모르고 포도주를 마셔버립니다. 예수 그리스도가 나를 위해서 십자가의 피를 흘렸다는 그 사실이 속에 들어가야 하는 겁니다. 그거 없이 교회 와서 찬송하고 예배드리는 걸 천 날 해봤자 그 사람과 유월절과는 관계가 없습니다. 여러분은 100% 다 주님의 피 흘림 속에, 그 의미 속으로 들어가야 합니다. 나 같은 죄인을 위하여 예수님이 피를 흘리셨다는 것을 예수님은 알아주기를 바라시는 겁니다. 이게 복음의 첫 단추란 말입니다. 이것을 모든 사람들이 알아주기를 바라는 겁니다. 그 사람에게 모든 죄가 용서되고, 구속의 은총으로 피가 임하고, 그 사람에게 구원의 은총이 임하는 겁니다. 믿습니까?

(기도)

"주님, 철없는 나의 죄를 용서하여 주세요. 주님은 나를 위해서 이 땅에 사람으로 오셔서 십자가에 피 흘려 죽으셨지만, 나는 거기에 대해서 관심이 없이 살았습니다. 나는 사람이 아니요, 짐승과 같습니다. 어찌하여 주님, 내가 주님 앞에 이것은 아닌 것 같습니다. 내가 살아온, 걸어온 길을 되돌아봅니다. 아버지여, 용서하여 주옵소서. 주님이 나를 위해서 해놓으신 십자가의 공로에 대해서 너무나 무시하며 살았습니다. 업신여기며 살았습니다. 관심 없이 살았습니다. 용서하여 주시옵소서. 주님, 주님이 나를 위해서 베풀어 놓은 것을 100% 활용하겠습니다. 나도 예수님 피를 사용하겠습니다. 예수님 피를 주장하겠습니다. 예수의 피로 나의 죄를 씻어주시고, 병도 고쳐 주시고, 문제도 해결해 주세요. 예수님의 이름으로 기도하옵나이다. 아멘."

03

/

무교절

에스겔 37:11-13

[11]또 내게 이르시되 인자야 이 뼈들은 이스라엘 온 족속이라 그들이 이르기를 우리의 뼈들이 말랐고 우리의 소망이 없어졌으니 우리는 다 멸절되었다 하느니라 [12]그러므로 너는 대언하여 그들에게 이르기를 주 여호와의 말씀에 내 백성들아 내가 너희 무덤을 열고 너희로 거기서 나오게하고 이스라엘 땅으로 들어가게 하리라 [13]내 백성들아 내가 너희 무덤을 열고 너희로 거기서 나오게 한즉 너희가 나를 여호와인줄 알리라

여러분, 사람으로 태어나서 무교절의 말씀을 듣는다는 것은 여러분에게 최고의 복입니다. 하나님이 유월절을 통하여 사람을 구원시키면, 그다음은 무교절입니다. 무교절은 첫째, 예수님에게는 주님이 십자가에 죽은 뒤에 3일 동안 땅속에 들어간 사건입니다.

무교절은 무덤입니다. **"무덤."** 예수님이 무교절의 무덤에 들어간 것처럼, 하나님은 유월절 날 예수의 피로 성도를 구원시켜서 무교절의 무덤 속으로 집어넣습니다. 그럼, 왜 하나님이 구원받은 성도에게 좋은 건 안 주시고, 처음부터 무교절의 무덤 속으로 집어넣는 것일까?

하나님은 다양한 무덤을 준비해 놓고 기다립니다. **"물질의 무덤."** 하나님은 돈 가지고 사람을 무덤 속으로 집어넣습니다. **"질병의 무덤."** 질병을 가지고 하나님이 무덤 생활을 시킵니다. 무교절 때문에 오는 병은 병원에 가도 안 낫습니다. 또 하나님이 목적을 가지고 준 병이기 때문에 아무리 능력 있는 사람이 안수기도해도 병이 안 낫습니다. 목적을 가지고 하나님이 딱 찔러 넣은 겁니다. **"가정의 무덤."** 하나님이 가정을 가지고 무덤 생활을 시킵니다. **"자녀의 무덤."** 하나님이 자식 가지고 속 썩게 합니다. 자식 가지고 하나님이 무덤 생활을 시키는 사람이 있습니다. **"사업의 무덤."** 뭔 일을 해도 안 되는 무덤 생활을 시킵니다.

"물질의 무덤, 자녀의 무덤, 질병의 무덤, 사업의 무덤, 가정의 무덤." 여러 가지 무덤 속으로 하나님은 사람을 집어넣습니다. 하나님께서 그렇게 하신 이유는 우리를 여기서 성화시키려는 것입니다. 우리는 유월절을 통하여 구원을 받았습니다. 하지만, 아직도 우리 안에 자아의 사람이 많습니다. 우리의 그 자아가 더러워져 있습니다. 세상의 풍습과 세상의 성격, 세상의 모든 것들이 우리의 겉 사람 속에 붙어 있습니다. 하나님은 이것을 처리하려고 합니다.

예수님이 이 땅에 계실 때 하루는 바리새인, 서기관, 율법사, 제 사장들이 찾아와서 예수님을 골탕 먹이려고 이렇게 말했습니다. "예수야, 너, 우리 앞에서 하나님의 아들이라는 걸 증명해 봐." "뭘 로?" "네 마음대로 기적을 한번 만들어봐. 우리 없을 때 뭐 앉은뱅 이도 일으키고, 소경 눈도 뜨고 했다고 듣고 왔는데, 우리 앞에서 한 번 해 봐." 그랬더니 주님의 대답 좀 들어봅시다. "내가 너희에 게 앉은뱅이 일으키고 소경 눈뜨게 하는 기적을 일으킬 필요가 없다." 따라서 해봅시다. **"없다."** "너희에게 더 큰 기적을 보여주 리라."

예수님께서 더 큰 기적을 보여주신다고 말씀하신 후에 "내가 너 희에게 보여줄 표적은 선지자 요나의 표적밖에 없다"라고 말씀하 셨습니다. 무슨 표적이라고 말씀하셨습니까? 네, 요나의 표적입 니다. 구약 성경에 보면, 요나가 하나님의 말을 안 듣다가 물고기 뱃속에 며칠 있었습니까? 3일 동안 들어갔지 않습니까? 그가 갔다 가 나온 사건이 가장 큰 표적이라는 겁니다. 구약에 보면, 더 큰 표적이 많습니다. 요단강이 갈라진 사건, 노아의 홍수 사건, 엘리 사가 죽은 아들을 살린 기적, 여리고성이 무너진 사건 등 더 큰 기 적이 많은데도, 요나가 3일 동안 물고기 뱃속에 들어갔다가 나온 것이 가장 큰 기적이라는 겁니다. 기적의 전체적인 외형적 크기는 더 큰 것이 많아도 기적이 말하는 **"의미"**하는 게 크다는 겁니다.

예수님께서 계속해서 말씀하셨습니다. "요나가 밤낮 3일을 땅속에 있었던 것처럼 인자도 땅속에 3일 있으리라." 여기서 **"인자도"**는 예수님 자신입니다. "나도 땅속에 3일 있으리라"는 말씀입니다. 요나가 3일 동안 물고기 뱃속에 있었다는 것은 예수님이 땅속에 3일 있다가 초실절에 부활할 것을 말씀하신 겁니다. 그걸 일치시켰습니다. 그러니까 이 땅의 표적 중에 가장 큰 표적은 뭐냐? 예수님의 부활 사건, 예수님의 부활 사건이야말로 가장 큰 기적이라고 주님이 그렇게 말씀하신 겁니다.

사람마다 다른 무교절의 길이

하나님은 모든 사람을 무교절 속에 집어넣었다가 초실절의 축복을 주시려고 합니다. 여러분이 무교절 무덤 속에 깊이 들어가야 합니다. 무교절이 심령 속에 이루어져야 합니다. 그런데 이 무교절의 길이는 다 다릅니다. 요나는 밤낮 3일 동안 물고기 뱃속에서 무교절을 보냈습니다. 야곱은 밧단아람 외삼촌 집에 가서 하란 땅에서 21년 동안 무교절을 보냈습니다. 구약시대의 이스라엘 백성들은 바벨론에서 70년 동안 집단 무교절을 보냈습니다. 모세는 미디안 광야에서 40년을 보냈습니다.

모세를 살펴보겠습니다. 모세가 하나님께 처음부터 쓰임 받은 건 아니었습니다. 애굽에 내려가서 자기 백성을 건지려고 애굽 사람을 죽였습니다. 그래서 모세가 미디안 광야로 도망가서 40년 동안 처절한 삶을 삽니다. 시내산에서 장인 이드로의 양을 치면서 눈물로 시내산을 적시며 삽니다. 그렇게 40년이 지나 80살이 됐습니다. 그러던 어느 날, 시내산에서 가시떨기나무에 불이 붙었는데 불꽃만 일렁이고 나무는 타지 않는 것을 보았습니다. 모세는 그 모습이 신기해서 구경하러 갔더니 음성이 들렸습니다. "모세야! 이곳은 거룩한 곳이니 신을 벗으라." 벗었습니다. "주여, 뉘시나이까?" "나는 너의 조상 아브라함의 하나님, 이삭의 하나님, 야곱의 하나님이로다." "왜 오셨나이까?" "지금부터 너 나와 함께 애굽 땅에 너희 백성들을 구원하러 가자." 그때 모세가 대답했습니다. "하나님, 너무 늦었습니다. 너무 늦었습니다. 내 나이 80살입니다. 나는 인생 접었습니다. 정말로 내 백성을 살리시려면 내가 그때 한참 청년 때 말이에요. 혈기왕성할 때, 돌을 들어서 애굽 사람을 쳐 죽일 때, 그때 나타나셔야지요. 그때 나를 도와주셔야지. 왜 이제 오셔서, 안 갑니다."

하나님 음성을 들어봅시다. "모세야, 그때는 내가 너를 쓸 수가 없었어. 왜? 너희 백성을 애굽에서 건지는 것은 나와 뜻이 같아. 너도 너희 백성을 살리려고 돌 가지고 애굽 사람을 친 거야. 그러나 너희 백성을 살리는 방법." **"방법."** "애굽에서 꺼내는 방법은 네 생각과 내 생각이 달라. 너는 혈기로 인간적 힘으로 백성을 죽여서 애굽에서 꺼내려고 하지? 그것으로는 난 너를 쓸 수 없어." 아멘!

이와 같이 오늘 이 책을 읽는 여러분도 하나님 앞에 하나님의 일을 위하여, 주님의 영광을 위하여 전체적인 뜻은 하나님과 같을지 몰라도 하나님의 일하는 방법을 자아로, 혈기로, 인간의 의로 하면 주님은 그것을 쓸 수 없는 겁니다. 밀어줄 수 없습니다. "그래서 너의 손에 들은 그 돌 있지? 혈기 있지? 그것을 네 손에서 내려놓는 데 내가 40년을 걸렸다. 내가 너를 왜 40년 동안 미디안 광야에서 뺑뺑이 돌린 지 아냐? 너의 혈기, 네 맘대로 하는 거, 나를 위해서 일을 해준다 해도 싫어. 네 맘대로 하는 거는 싫어." 따라서합니다. "**싫어.**" "그래서 나는 너를 쓸 수 없었어." 아멘! "이제는 네가, 네 자아가 죽었어. 일어나." 그랬더니 모세가 대답합니다. "하나님, 죽은 놈이 뭘 하겠습니까?" "이때가 바로 내가 너를 쓸 수 있는 때야." 그래서 모세는 40년 동안 미디안에서 무교절을 치른 뒤에 하나님께 붙잡힘을 받습니다. 아멘.

이렇게 보면, 하나님은 무교절 없이 사람을 쓰는 법이 없습니다. 그래서 하나님은 예수 믿고 구원받은 사람이 하늘나라 갈 때까지 여러 가지 형태의 무교절을 통하여 그 사람의 겉 사람을 죽이려 그러는 겁니다. 땅에서 무교절을 다 치르지 않으면, 우리가 죽어서 하늘나라 가면 바로 천국에 못 갑니다. 천국에 들어가려면, 거기에 큰 불붙는 유리바다, 요한계시록에 기록되어 있죠? 불붙는 유리바다가 있습니다. 거기를 건너야 합니다. 그래서 우리가 찬송을 부르잖습니까? 은유적으로? 장례식 가면 "요단강 건너가 만나리"를 부릅니다. 죽은 영혼들은 다 불붙는 유리바다를 건너야 하나님의 성에 들어갑니다. 그 불붙는 유리바다에 딱 발을 대면, 이 땅에서 무교절을 통하여 처리 안 된 모든 자아가 거기에 유리바다처럼 다 드러나 버립니다. 왜 불붙는 유리 바다라 그러 겠습니까? 바닷속에서 불이 올라와서 그 사람을 불사릅니다. 반 지옥입니다. 그래서 하나님이 거기서 정화를 치르고 난 후에 주 님 나라를 가도 부끄러운 구원입니다. 상급도 없습니다. 영원히 부끄러운 구원입니다. 우리는 여기 땅에서 무교절을 보내야 합니 다. 주님의 정화가 끝나야 합니다. 죽어서 유리바다에 발을 딱 대 면, 바로 천국으로 쫙 들어가서 천사들의 잔치와 노래에 참여해 야 합니다. 무교절은 어차피 한 번 만나야 하는 거니 이 땅에 있을 때 하는 게 낫습니다.

무교절을 70년 보낸 이스라엘 백성들을 봅시다. 에스겔 37장 11-12절입니다.

"또 내게 이르시되 인자야 이 뼈들은 이스라엘 온 족속이라 그들이 이르기를 우리의 뼈들이 말랐고 우리의 소망이 없어졌으니 우리는 다 멸절되었다 하느니라 그러므로 너는 대언하여 그들에게 이르기를 주 여호와의 말씀에 내 백성들아 내가 너희 무덤을 열고 너희로 거기서 나오게하고 이스라엘 땅으로 들어가게 하리라"(겔 37:11-12).

따라서 합니다. **"무덤을 열고."** 여기서 무덤이 열린다는 것은 무 교절이 끝났다는 겁니다. 13절을 계속 읽어봅시다.

"내 백성들아 내가 너희 무덤을 열고 너희로 거기서 나오게 한즉 너 희가 나를 여호와인줄 알리라"(겔 37:13).

"무덤을 열고." 이렇게 이스라엘 백성들은 70년 만에 무교절의 무덤을 열고 나온 겁니다.

지금까지 살펴본 것처럼 무교절의 기간이 사람마다 다릅니다. 어떤 사람은 70년, 어떤 사람은 30년, 어떤 사람은 40년, 어떤 사람은 3일, 왜 이렇게 무덤의 기간이 다릅니까? 하나님은 기간을 채우려고 하는 게 아닙니다. 기간보다 더 중요한 것은 하나님이 무교절의 무덤을 통하여 하려고 하는 일이 있습니다. 바로 각 사람의 신앙생활입니다.

요즘 한국 교회는 교회를 30년 다닌 사람하고 교회를 1년 다닌 사람하고 신앙 수준이 같습니다. 왜 그럴까 생각해 보세요. 유월절까지만 오고, 그다음 과정인 무교절을 관통 못 하니까 다 똑같은 겁니다. 지금 한국 교회가 그렇습니다. 성도들이 무교절에 가려고 하지 않아서 그렇습니다. 목사님들조차도 무교절에 안 가려고 그렇습니다. 장로님들은 더 안 가려고 그렇습니다.

그런데, 무교절을 제일 빨리 지난 사람이 한 명 있습니다. 바로 이삭입니다. 이삭은 모리아 산에 가서 아버지의 제단에 한 번 누웠다가 일어나 그날로 무교절이 끝났습니다. 하나님이 이삭에게 무교절을 집행할 때에, 이삭도 사람이기 때문에 자기의 뜻이 있었습니다. 아버지가 자기를 죽이려고 "여기에 누워라" 그럴 때, 이삭이 자기 아버지 앞에서 "이거 뭐 하는 거야? 지금 뭐야? 이거 치매 왔어? 치매? 아이고, 100살이 넘으니까 별 발광을 다 떨어"

하고 그냥 아버지를 안다리 걸어서 탁 밀어버리고 도망칠 수 있었습니다. 이삭은 충분히 그럴 수도 있었습니다. 그런데 이삭은 아버지가 "누워," 그러니까 왜 누워야 하는지 묻지도 않잖습니까? "누워!" 나의 뜻도 있지만 아버지의 뜻이라면 나는 나의 뜻을 준동하지 않고 아버지의 뜻 앞에 나의 뜻을 쳐서 복종시켰습니다. 이게 바로 모리아 산의 원리입니다.

이삭은 "아버지, 모리아 제단에 올라가서 아버지 앞에 아버지의 하나님이 내 생명을 원하신다면 오늘 내가 내 몸을 하나님께 제물로 드릴 테니 나를 향하여 마음대로 하세요. 제물로 쓰세요" 하고 누웠습니다. 이것은 자기 모든 생명을 포기했다는 겁니다. 이삭은 그거 한 방으로 끝난 겁니다. 이삭은 모리아 산에서 한 번 누웠다 일어나니까 끝났습니다. 이삭은 무교절을 성경 중에서 요나보다 더 빨리했습니다. 요나는 3일입니다. 이삭은 모리아 산에서 한 번 누웠다 일어나니까 끝! 그럼, 여러분들은 70년 할래요, 한 방에 할래요? 모세처럼 40년 할래요, 한 방에 할래요? 제가 한 방에 무교절을 치르는 비밀을 가르쳐 드릴 테니까 꼭꼭 잡아서 자신의 것으로 만드시기 바랍니다.

그리고 이 무교절을 짧게 한 사람이 더 있습니다. 바로 다윗입니다. 다윗이 사울 왕한테 고난을 당하고 쫓겨 다니다가 엔게디 굴로 들어갔습니다. 그런데, 다윗을 잡으러 다니는 사울도 한잠 자고 쉬려고 장소를 찾다가 다윗이 들어간 굴에 뒤따라 들어온 겁니다. 원수가 들어왔습니다. 꼼짝 못 하게 됐습니다. 먼저 들어간 다윗은 눈이 적응이 됐습니다. 굴 끝에 다윗이 엎드려서 기도합니다. 그때 사울이 굴속에 끝까지 안 오고 중간에 갑옷을 벗더니, "이 불족제비 같은 다윗이 어디를 갔나? 어이! 요놈의 새끼를 죽여야 하는데" 하고 낮잠이 들어서 코를 곱니다. 코를 한창 골 때 다윗이 살살 기어가서 잠자는 사울의 옷자락을 자릅니다. 그리고 저 뒤에 들어가서 2차로 또 묵상기도를 합니다. 이제 들어올 때는 발견 못 했으니 나갈 때도 이 안쪽을 보지 말고 앞만 보고 나가도록 하나님께 묵상기도를 합니다.

사울이 잠을 자고 일어납니다. "개운하다. 불족제비 같은 놈이 어디를 갔나?" 그리고 갑옷을 주섬주섬 입더니 굴 바깥으로 사울이 나왔습니다. 다윗이 뒤따라서 굴에서 나오면서, "왕이여, 어찌하여 저를 죽이려 하나이까? 잠시 전에 내가 들어간 굴속에 왕이 들어와서 주무셨나이다. 하늘의 하나님이 왕의 생명을 나한테 붙여서 잠자는 당신의 목을 향하여 내가 칼을 꽂을 수 있었지만, 나는 나보다 선배인 기름 부음 받은 자, 왕의 생명에 손을 대지 않기 위하여 나는, 같은 굴에 있었다는 증거로 옷자락만 살짝 잘랐나이다. 보소서. 내 말이 거짓말입니까? 왕의 생명을 하나님이 나에게 붙였어도 나는 굴속에서 나의 의지를 쓰지 않고." 아멘!

다윗이 대단한 겁니다. 사울 왕에게 걸려서 자기가 거꾸로 역습을 당하여 죽임을 당할지라도 다윗은 엔게디의 굴속에서 하나님의 뜻 앞에 자기의 의지를 사용하지 않은 겁니다. 기가 막힌 겁니다. 엔게디 굴속에서 나올 때 다윗의 무교절이 끝났습니다. 하나님은 곧바로 다윗을 초실절로 데리고 가서 헤브론의 왕으로 세우셨습니다. 원래 사무엘한테 기름 부음을 받을 때 왕의 씨가 다윗의 속에 왔습니다. 근데 현실적으로는 왕이 안 되는 겁니다. 여러분도 마찬가지입니다. 이미 여러분 속에 부활의 씨가 왔습니다. 그렇지만 현실적으로 안 나타나는 겁니다. 언제 나타나느냐? 무교절이 끝나야 나타나는 겁니다.

그런데 옳고 그름의 정의로 반응하는 사람들은 무교절이 끝나지 못합니다. 다윗이 자신의 뜻과 견해와 의지를 통해 정의로 반응했다고 생각해 봅시다. 사울이 장인어른이기는 하지만 다윗이 사울을 죽이는 게 정의라고 할 수 있습니다. 다윗을 따르던 부하들도 사울을 죽이는 게 마땅하다고 생각했습니다. 하지만 다윗은 하나님께서 기름부음을 받은 자를 자신이 죽을 수 없다고 생각하고 정의보다는 하나님의 뜻을 따랐습니다.

무교절이라는 무덤이 이 땅에 생긴 이유

유월절을 통해 구원을 받으면, 곧바로 초실절의 부활의 축복을 줘서 물질도 부활, 가정도 부활, 자녀도 부활, 주 예수 찬미하게 해서 만사형통 시온의 대로, 그렇게 처음부터 그냥 건너뛰고 해주시지, 왜 하나님이 사람을 무교절 속에 무덤 속에 왜 집어넣었냐? 그 이유를 잘 들어야 합니다.

무교절은 무덤입니다. **"무덤."** 무덤의 정체를 밝혀봅시다. 무덤이 이 땅에 왜 왔다고 생각하십니까? 무덤의 문화를 끌고 온 사람은 아담입니다. 아담이 무덤을 만든 겁니다. 아담이 선악과를 가지고 무덤을 만들었습니다. 선악과가 없었으면, 무덤이 안 생겼습니다. 아담이 선악과를 따먹어서 무덤이 생긴 겁니다. 이 무교절과 선악과가 깊은 관계가 있습니다.

선악과가 나무 열매인 건 사실이지만, 선악과에 담긴 의미는 바로 하나님의 뜻입니다. 따라서 합니다. **"하나님의 뜻!"** 하나님의 뜻 앞에 인간의 독립된 뜻을 갖는 것이 선악과입니다. 인간은 선악과를 따먹기 전에는 에덴동산에 사람들이 천만 명이 살아도 하나의 뜻에 다 통일돼 있었습니다. 인간의 독립된 뜻보다 하나님의 뜻으로 통일돼 있다는 겁니다.

선악과를 먹는다고 하는 것은 하나님의 뜻 외에 자기의 뜻, 따라서합시다. **"자기의 뜻,"** 독립된 자기의 뜻을 가지겠다는 겁니다. 선악과를 따먹을 때, 하나님의 뜻대로가 아니라 자기 뜻을 가지겠다는 겁니다. 두 번째로 선악과를 먹는다는 것은 하나님의 의지 앞에 **"자신의 의지!"** 독립된 자기의 의지를 가지는 겁니다. 이건 재앙입니다. 이것은 어린아이들의 손에 칼을 쥐여주는 것과 같습니다. 칼은 좋은 것이지만, 아이들이 가지면 상처가 나고 죽을 수 있습니다. 의지는 좋은 것이로되 인간이 독립된 의지를 갖는 것은 그만큼 위험한 겁니다. 그 자체가 사약입니다. 그리고 마지막으로 선악과를 먹는다는 것은 인간이 하나님의 견해 외에

"자신의 견해!" 자기의 독립된 견해를 갖는 겁니다. 이건 사람 입장에서 자기 맘대로 하고 싶은 것을 얻은 줄 알지만, 인간을 죽이는 사약입니다.

요한복음 12장 20-24절을 봅시다.

"명절에 예배하러 올라온 사람 중에 헬라인 몇이 있는데 저희가 갈릴리 벳세다 사람 빌립에게 가서 청하여 가로되 선생이여 우리가 예수를 뵈옵고자 하나이다 하니 빌립이 안드레에게 가서 말하고 안드레와 빌립이 예수께 가서 여짜온대 예수께서 대답하여 가라사대 인자의 영광을 얻을 때가 왔도다 내가 진실로 진실로 너희에게 이르노니 한 알의 밀이 땅에 떨어져 죽지 아니하면 한 알 그대로 있고 죽으면 많은 열매를 맺느니라"(요 12:20-24).

성경에서 이야기하는 명절이 바로 무교절입니다. 무교절에 헬라에서 예수님을 알기를 원하는 사람이 찾아왔습니다. 그런데 예수님은 그들과 만나는 것을 거부했습니다. 헬라 사람들의 의도를 알았기 때문입니다. 무교절은 자신의 뜻, 의지, 견해를 십자가에 못 박는 날입니다. 이것을 내려놓는 날입니다. 그런데 헬라 사람들은 자기의 뜻, 자기의 견해, 자기의 의지를 가지고 예수님께 접근하러 왔습니다. 예수님은 이런 헬라 사람들을 보시고, "한 알의 밀알이 땅에 떨어져 죽지 아니하면 한 알 그대로 있고 죽으면 많은 열매를 맺느니라" 하고 말씀하셨습니다. 이 말은 자아의 "뜻, 의지, 견해," 이것을 십자가에 못 박지 아니하면, 이것을 내려놓지 아니하면, 많은 열매를 맺을 수 없다는 겁니다. 그러나 반대로 "한 알의 밀알이 땅에 떨어져 죽으면," 많은 열매를 맺을 수 있다는 말입니다.

그런데 여기서 우리가 한 알의 밀알이 땅에 떨어져 죽는다는 것을 생각해봐야 합니다. 일반 사람들은 이것을 희생으로 생각합니다. 한 알의 밀알이 땅에 떨어지는 것은, 내가 희생하면 내 희생을 통하여 다른 사람에게 좋은 일이 일어난다고 생각합니다. 또 자기에게도 좋은 일이 일어난다고 생각합니다. 그런데 아닙니다. 25절을 보면 알 수 있습니다.

"자기 생명을 사랑하는 자는 잃어버릴 것이요 이 세상에서 자기 생명을 미워하는 자는 영생하도록 보존하리라"(요 12:25).

자기 생명을 사랑한다는 것은 자신의 뜻, 의지, 견해란 말입니다. 이것을 예수님은 생명이라 그랬습니다. 이걸 가지고 있는 자는 지옥에 가는 겁니다. 반대로 자신의 뜻, 의지, 견해를 버리면 영생, 천국에 가는 겁니다.

예수님은 이성에 근간을 둔 헬라 철학자들에게 칼질을 하는 겁니다. "너희들, 그따위 자세로 나한테 말하러 오지 마." "누구든지 자기의 생명을 사랑하는 자는, 자애를 가지고 있는 사람은 무교절에서 못 나와. 누구든지 자기를 미워하는 자, 자기의 자애를 십자가에 못 박는 자, 그 사람은 살리라."

우리는 하나님께 간절히 기도해야 합니다. "하나님, 나 아직도 자애의 찌꺼기로부터 못 나왔어요. 그러면서 무교절에서 나가려고 욕심은 많아서 왜 나의 무덤을 열어주지 않냐고 하나님 앞에 발버둥 치지만, 하나님은 우리를 무덤에서 열어줄 수 없어요. 우리는 아직도 자기를 사랑하는 이 자애에, 여기에 다 걸려들어서, 여기서 아직도 허덕대고 있습니다. 주님, 오늘 십자가에 못 박고, 나의 지정의를 다 십자가에 못 박고, 나의 자애를 주님께 반납하고, 주님을 사랑하는 자가 되고, 나 자신보다 예수를 사랑하는 자가 되어 능동적으로 나오게 하여 주세요."

중세시대에 금욕주의와 경건주의라 하는 것은 내가 깨끗하게 살려고 내가 나의 룰을 만든 겁니다. 내가 흠이 없는 사람으로 살려고 자기의 계명을 만든단 말입니다. '나는 거짓말을 안 한다. 오늘 절대 말실수를 안 한다. 난 누구하고 다투지 않는다'고 결심하고 자기의 틀을 만들어 놓고 그것을 실천하려고 나만의 룰을 만든 겁니다. 금욕주의와 경건주의가 자기가 자기의 힘으로 그것을 실천하려고 하다가 보니까 힘이 드는 겁니다. 불교의 스님처럼 도를 닦으려니까 자기를 자학해야 합니다. 자기를 쳐야 한단 말입니다. 그만큼 힘들단 말입니다.

이거는 성경이 말하는 것이 아닙니다. 금욕주의, 자기를 통제하고 자기의 육체를 누르고 자기의 소욕을 억제하는 것, 성경은 그렇게 하라고 가르치지 않습니다. 성경은 이렇게 가르칩니다. '나의 뜻, 의지, 견해를 하나님께 내려놓겠다, 반납하겠다'는 결단만 딱 하면, 그 모든 것을 성령이 채워 버린다고 말입니다. 성령이 와서 나의 육체를 눌러주는 겁니다. 내가 하는 게 아닙니다. 그러니까 더 좋은 능동적인 대책을 하나님의 성령이 부어 준단 말입니다.

더 실감나는 얘기를 하면, '나는 술 없이 못 살겠다'는 사람이 있다고 해봅시다. "나는 술 없이 못 살아. 난 술을 못 끊어서 교회 못 나가. 왜? 하루라도 술 안 마시면 난 못 사니까." 그걸 누가 끊으라는 소리 안 합니다. 교회 오면서 술 먹으라고 합시다. 예배 끝나고 바로 나가자마자 한잔하라고 합시다. 아니 누가 담배 못 피우게 합니까? 피우라고 합시다. 예배 끝나고 화장실에 가서 피우라고 합시다. "아유 한 시간 참느라고 혼났어" 하더라도 교회 와서 기도합시다. **"주여, 저 담배 안 피울 테니까 더 좋은 거 주세요."** 그 순간 성령의 능력이 부어집니다. 성령이 그 사람에게 부어지면, 담배보다 백 배, 천 배 더 좋은 황홀경을 주십니다. 담배를 왜 피웁니까? 황홀경을 추구하려고 피웁니다. 술 왜 마십니까? 정신을 알딸딸하게 하려고 술 마시는 겁니다. 그런데 그것보다 백 배, 천 배 더 좋은 짜릿짜릿한 엑스터시(ecstasy)가 성령으로 부어집니다. 사람이 더 독한 술을 먹으면 시시한 술 안 마신다고 그럽니다. 성령의 새 술을 마셔야 합니다. 그래서 하나님은 능동적인 것으로 우리의 수동적인 것을 이기게 한단 말입니다.

그러니까 여러분이 무교절에서 '뜻, 의지, 견해, 이게 자기의 생명인데, 나는 이걸 내려놓고, 성경에, 또 교회에서 목사님 말에 다 순종을 해서는 내가 어떻게 살까? 나는 뭐야?' 이러지 말란 말입니다. 성경에서 이야기한 것처럼 그렇게 해 봅시다. 훨씬 더 재미 있습니다. 더 큰 하늘의 능력이 여러분에게 부어집니다.

하나님이 저에게도 무교절의 사건을 주셨습니다. 제가 답십리에서 개척 교회에서 목회할 때가 다 무덤이었습니다. 하나님이 나를 그냥 무덤 속으로 던지셨습니다. 그런데 어느 날, 우리 교회에서 어떤 여전도사님을 모시고 간증 집회를 할 때 성령이 우리 교회를 덮어 버렸습니다. 성령이 교회를 덮어서 그날 저녁에 헌신예배에 나온 헌금 전체를 다 그 전도사님에게 줘버렸습니다. 그때 설교하러 오신 분들에게 차비로 이만 원을 주는 시대였는데, 무려 사십이만 원이었습니다. 성령이 임하니 그대로 드렸습니다. 그런데, 이 일로 저의 무교절이 열리고, 초실절이 열리기 시작했습니다.

이분이 그다음 주간에 금란교회 부흥회에 갔습니다. 그리고 김홍도 목사님에게 부흥 강사 한 사람을 소개했습니다. 그 부흥 강사가 바로 접니다. 그때 우리 교회에 300명밖에 안 모였는데 저를 소개했습니다. 김홍도 목사님이 저에게 전화해서 묻고 따지지도 않고 부흥회를 하자고 했습니다. 그런데 그 이후에 저를 보더니 부흥회가 안 된다는 겁니다. 어리다고요. 그때 제 나이가 서른네 살이었습니다. 그리고 10년 후에 하자고 했습니다. 저는 괜찮다고 이야기하면서 김홍도 목사님과 식사하는 것도 영광이라고 했습니다. 그렇게 헤어지려고 했는데, 김홍도 목사님께서 완전 취소는 안 하고 부흥회 첫날밤에 저보고 설교하라고 했습니다. 만약 그때 죽을 쑤면, 그 이후부터 김홍도 목사님이 하시겠다고 했습니다. 그래서 계약서를 쓰고, 부흥회가 이루어진 겁니다. 하나님이 나를 이 무교절에서 풀어주려고 말입니다.

제가 조금이라도 선악과가 남아서 목사님한테 "저는 한 시간짜리 안 하겠습니다" 이랬든지, 나이가 어리다고 안 된다고 했을 때, "목사님, 나이면 답니까? 뭐가 그게 대단하다고." 이렇게 대들었으면요, 나는 지금까지도 무덤에 있었을 겁니다. 나는 완전히 선악과가 죽었습니다. 그때 다 받아들였습니다.

그리고 금란교회에서 다른 분이 부흥회를 한다는 광고를 보고 정탐을 하러 갔습니다. 그런데 그 강사 목사님이 설교를 하는데, 죽을 쑤는 겁니다. 이것보다는 더 잘할 수 있다는 자신감을 가지고 왔습니다. 그런데 부흥회 날짜가 점점 가까워지니까, 두려워하는 마음이 좀 들었습니다. 그래서 부흥회 일주일을 앞두고 금식을 했습니다. 일주일 금식을 딱 하고 강대상에 섰는데, 그날 밤에 하늘 문이 열린 겁니다. 성령의 폭탄이 부흥회를 하는 곳에 떨어졌습니다. 할렐루야.

부흥회 집회가 끝나고 김홍도 목사님이 말했습니다. "전 목사 혼자 다 해. 부흥회 다 해. 되겠어!" 역사가 일어나고, 마지막 날은 김홍도 목사님이 딱 서더니, 마지막 인사를 하는데 "여러분 나는 40년 목회 사상 이런 부흥회를 처음 봤습니다. 내일 부흥회 하루 더 합니다." 하고 이야기했습니다. 그래서 부흥회 하루를 더

하게 된 겁니다. 그 당시는 부흥회 사례비를 100만 원 정도 줄 때였는데, 김홍도 목사님이 1,000만 원을 줬습니다. 우리 집사람은 반주했다고 500만 원을 줬습니다. 천지개벽이 일어난 겁니다. 목사님이 차고 있던 롤렉스 시계를 저한테 풀어줬습니다. 반지도 풀어줬습니다. 그러면서 "여의도 조용기 목사나 나나 이제는 나이가 많아서 들어가는데 새벽마다 기도했어. 젊은 목사들 중에 우리처럼 성령 운동 세게 하는 사람 나오게 해 달라 그랬더니, 전광훈 목사를 보내줬어. 너무 기쁘다. 엘리야가 엘리사한테 겉옷을 준 걸로 생각하고." 그러면서 반지를 다 풀어줬습니다. 한국 강산을 성령의 불바다로 만들어 달라고 말입니다. 그리고 우리 성도들 집집마다 떡 주라고 말입니다. 그때 우리 성도들이 300명이었습니다.

그 이후에 교회에서 여전도사를 모집하려고 국민일보에 광고를 냈습니다. 이력서가 70개 정도 왔는데, 금란교회에서 두 명이 왔습니다. 그분들에게 안 된다고 그랬습니다. "내가 부흥회를 한 교회인데, 이렇게 전도사가 오면, 목사님이 욕해. 안 돼." 그랬더니, "목사님! 그래도 나는 목사님 부흥회에서 너무 세게 은혜가 돼요. 나, 목사님 교회에서 일하고 싶어요." 하면서 계속 떠들었습니다. 그래서 제가 "그러면 기다려. 내가 부흥회 갔다 와서 김홍도 목사님을 만나서 '이 두 여자가 전도사 한다고 우리 교회에 왔는데 보내주실래요?' 물어서 목사님이 오케이 하면 되고, 안 하면 못써. 그때까지 기다려." 하고 부흥회를 갔습니다.

그런데 부흥회를 하는 사이에 지원했던 두 명이 먼저 김홍도 목사님에게 이야기를 한 겁니다. 부흥회를 다녀온 후에 김홍도 목사님에게 말하려고 했는데, 그걸 못 참고 먼저 이야기한 겁니다. 김홍도 목사님이 화가 난 겁니다. 나한테 핸드폰으로 전화 와서 뭐라 그러는지 압니까? 첫마디가 "전광훈, 야 이 새끼야. 너 어린 놈의 새끼, 우리 교회 부흥회 시켜줘도 이따위 짓 해?" 하는 말이었습니다. "목사님 무슨 말입니까?" "알 필요 없어. 전화 끊어." 김홍도 목사님이 전화를 딱 끊었습니다. 와, 미치겠더라고요. 변명할 기회도 안 줬습니다.

　부흥회를 다 마치고, 제가 금란교회에 김홍도 목사님한테 갔습니다. 어렵게 당회장실 문을 열고 들어갔습니다. 김홍도 목사님이 "나가세요. 나는 당신 같은 사람 아는 바 없어. 나가라니까요?" 하는 겁니다. 여러분 같으면 나올 겁니다. 제가요, 신발 벗는 거기서 당회장실에서 무릎을 꿇고 세 시간을 울었습니다. "목사님, 죽을죄를 지었습니다." 아직 뭔 일 때문에 저에게 전화해서 화를 냈는지 몰랐습니다. 그때는 뭐 때문에 그랬는지 정말 몰랐습니다. 저는 "죽을죄를 지었습니다. 한 번만 살려주세요." 하고 용서를 구했습니다. 목사님은 그런 저를 보시고 "나가라니까. 나는 당신 같은 사람 아는 바 없어. 나가라고." 하고 말했습니다. 그렇다고 제가 나가겠습니까? 거기서 세 시간을 울면서 "목사님, 죽을죄를 지었습니다. 한 번만 살려주세요." 했습니다. 목사님이 "그래, 할 말 있으면 한번 해 봐." 하고 물으셔서 저는 "저는 아무 할 말도 없습니다. 죽을죄를 지었습니다." 하고 대답했습니다. 그러자 목사님이 "그래, 잘못했다고 하는 놈은 내가 용서해." 그리고 목사님이 기도 딱 하고, "집에 가 봐." 하고 말했습니다. 그리고 내가 기도를 받고 집에 오는데 하늘이 노랬습니다. '나도 나이 먹기만 해 봐라. 때려죽여버린다. 젊은 놈들. 나도 나이만 먹어봐라. 내가 젊은 목사들 때려죽여버린다.' 하늘이 노랗게 보이면서 눈물이 펑펑 나면서 서러움의 눈물이 말이야 펑펑 났습니다.

그리고 이게 뭔 일인가 알아봤더니 이거였던 겁니다. 저라도 화가 나겠더라고요. 제가 거기에 부흥회 하고 난 뒤에 우리 교회에 전도사 하러 오겠다고 하는 권사 두 명이 가서 "목사님, 전광훈 목사님이 자기 교회로 오라 그랬습니다." 이렇게 말을 했다는 겁니다. 그러니까 김홍도 목사님이 화 안 나겠습니까? 저는 국민일보에 광고를 내서 전도사를 구한 건데, 그걸 김홍도 목사님이 알 수 없잖습니까? 김홍도 목사님 입장에서 부흥회 하러 와서 두 명을 꼬드겨서 데리고 갔다고 생각한 겁니다.

하나님이 무교절에서 마지막에 꺼낼 때는 억울한 일이 일어납니다. 분통이 터지는 일이 일어납니다. 하나님은 꼭 사건을 통하여 끌어냅니다. 그 일이 있고 나서 3개월이 지난 어느 날, 워커힐에 누가 만나자고 해서 볼일 보러 갔습니다. 거기에 김홍도 목사님이 옆자리에 와 계셨습니다. 그래서 김 목사님이 계신 곳까지 인사하러 찾아갔습니다. "목사님, 잘 계세요?" 그랬더니, 표정이 아주 안 좋았습니다. "여길 왜 오셨어?" "목사님, 사실은요, 3개월 전에 목사님이 저를 혼낼 때 여전도사 둘, 제가 안 데려왔습니다.

우리 교회로 데려오려고 한 거 아닙니다." 그랬더니, "그러면?", "국민일보 광고를 냈더니 왔더라고요." 하고 대답했습니다. 그랬더니, 김홍도 목사님이 그러는 겁니다. "아니, 그럼 그 말을 그때 나한테 설명을 하지. 왜 안 했어?" "목사님이 화가 나는데 말씀드리면, 목사님이 듣겠습니까? 저는 때가 오면 주님이 밝혀줄 줄 믿고." 그때부터 김홍도 목사님 저를 보통 사람으로 안 보는 겁니다. "전광훈 저놈은 애 늙은이다. 애 늙은이. 저 속에 영감 들었다." 그랬습니다. 그때부터 김홍도 목사님이 전국을 다니면서 저의 부흥회를 소개하기 시작했습니다. 인천의 주안장로교회, 자기 동생 교회인 임마누엘교회, 전체 대형교회를 소개해 주셨습니다. 그래서 제가 30대 중반에 전체 한국 교회, 대형교회 부흥회를 제패하게 됐습니다. 김홍도 목사님 덕분입니다. 김홍도 목사님이 다니면서 꼭 그대로 이야기했습니다. "나이도 묻지 말고, 이름도 묻지 말고, 내가 소개할 테니 한번 해볼래?"

이렇게 저의 무교절의 뚜껑이 열렸습니다. 완전히 제가 초실절로 가게 됐습니다. 그전에는 부흥회 하러 오라고 해서 가보면, 다 할머니들만 열세 명이 앉아 있습니다. 또 지하실 음침한 교회 말입니다. 그러다가 하나님께서 저를 이 무교절의 무덤에서 열어줄 수 있나 없나를 확인하기 위하여 김홍도 목사님을 동원하여 참을 수 없는 경지로 몰고 간 겁니다. 여러분에게도 틀림없이 이런 일이 일어납니다. 그때 반드시 생각하기 바랍니다. "하나님이 나를 시험하는구나." 정말로 내 뜻, 의지, 견해가 주의 종 안에 들어갔는지, 하나님은 선악과를 기필코 여러분과 제 입에서 토하여 내게 하려고 그러는 겁니다.

자기의 뜻을 반납하러 오신 예수

우리의 뜻, 의지, 견해를 버리는 것을 위해서 예수님이 이 땅에 오셔서 십자가를 지셨습니다. 선악과의 대칭이 십자가란 말입니다. 선악과를 따먹은 사람들을 해독시키기 위하여, 해독 작용을 일으키기 위하여 우리 예수님이 십자가를 지신 겁니다. 예수님께서 십자가를 지실 때를 봅시다. 예수 그리스도가 이 땅에 오셨을 때에 십자가를 지기 전에 우리 예수님이 겟세마네 동산에서 이 최후의 말을 한마디 한 겁니다. "내 아버지여 만일 할만하시거든 이 잔을 내게서 지나가게 하옵소서 그러나 나의 원대로 마옵시고 아버지의 원대로 하옵소서"(마 26:39). 예수님은 인간의 뜻을 반납하러 오신 겁니다. 예수님이 이 땅에서 십자가를 지시기 전에 인간의 뜻을 반납하러 오셨습니다. 선악과를 하나님께로 돌려드리겠다는 겁니다.

인간의 대표이신 예수님께서 인간 편에 서서 하나님을 향하여 아담과 하와가 선악과를 따먹고 난 뒤에 전부 인간들이 독립된 의지, 독립된 뜻, 독립된 견해를 가진 것을 다시 하나님께로 돌려드린다 겁니다. 이것이 바로 '내 뜻대로 마옵시고 아버지의 뜻대로 돼라'는 겁니다.

먹었던 선악과를 토해내어 하나님께로 다시 돌려드려야 합니다. **"독립된 의지, 독립된 뜻, 독립된 견해."** 뜻, 의지, 견해를 하나님께로 반납하라는 것에 대해서 여러분이 기분 나빠하면 안 됩니다. 이것을 사람이 그대로 가지고 있는 이상 인간은 무교절의 무덤에서 못 나옵니다. 선악과를 따먹고, 유월절을 통하여 구원은 받았으나 아직도 겉 사람이 **"자신의 뜻, 견해, 의지"**로 사로잡혀 있다면, 교회에 다녀도 자기 멋대로 사는 사람들입니다. 주님은 우리에게 자신의 뜻, 견해, 의지를 토하여 내라고 하는 겁니다.

마가복음 14장 1-6절을 봅시다.

"이틀을 지나면 유월절과 무교절이라 대제사장들과 서기관들이 예수를 궤계로 잡아 죽일 방책을 구하며 가로되 민요가 날까 하노니 명절에는 말자 하더라 예수께서 베다니 문둥이 시몬의 집에서 식사하실 때에 한 여자가 매우 값진 향유 곧 순전한 나드 한 옥합을 가지고 와서 그 옥합을 깨뜨리고 예수의 머리에 부으니 어떤 사람들이 분내어 서로 말하되 무슨 의사로 이 향유를 허비하였는가 이 향유를 삼백 데나리온 이상에 팔아 가난한 자들에게 줄 수 있었겠도다 하며 그 여자를 책망하는지라 예수께서 가라사대 가만 두어라 너희가 어찌하여 저를 괴롭게 하느냐 저가 내게 좋은 일을 하였느니라."(막 14:1-6)

무교절에 예수님이 사람들에게 보여주려고 베다니 문둥이 집에 들어갔습니다. 예수님이 무교절에 그냥 문둥이 집으로 간 게 아닙니다. 문둥이 집에 간 이유가 있습니다. 문둥이 집은 살 썩는 냄새가 납니다. 이게 바로 선악과를 따먹는 인간들입니다. 문둥이는 성경에서 죄를 말합니다. 문둥병은 죄를 상징합니다. 그와 같이 아담이 선악과를 먹고, 자기의 독립된 지정의를 가진 이 사람은 여기에 자기도 모르게 사탄이 붙어 있기 때문에 그 사람의 말, 생각, 행동은 썩은 냄새를 퍽퍽 풍깁니다. 성경은 요걸 말하고 있는 겁니다.

그런데 사람은 자기 몸에서 나는 자기 냄새는 못 맡습니다. 자기 냄새에 취했기 때문에 자기에게는 안 나는 겁니다. 자기 냄새를 못 맡으니까, 냄새가 안 나는 줄 압니다. 죄의 냄새도 동일합니다. 그 썩은 냄새는 없어져야 합니다. 그리스도의 향기만 나와야 합니다.

문둥이 시몬의 집에 어떤 여자 하나가 향유를 가지고 왔습니다. 1년 치 임금에 해당되는 비싼 향기가 나는 향유를 가지고 와서 옥합을 예수님 머리에서 깨뜨렸습니다. 옥합을 깨니까 향유가 예수님 머리에 부어져서 쫙 발에 부어졌습니다. 온 방에 향유의 냄새가 퍼지면서 문둥병 냄새가 싹 다 사라지고 그 옥합 속에 갇혀 있던 향기가 온 집에 천지진동했습니다. 요것이 바로 주님이 무교절 날 행사를 하게 된 겁니다.

그게 무슨 뜻이냐? 예수님이 무교절에 행한 이유가 있습니다. 사람이 선악과 따먹을 때 생겨났던 "뜻, 의지, 견해," 이것이 인간의 겉 사람인데, 이것이 도자기 옥합만큼 견고합니다. 유월절을 통하여 구원받은 향유가, 예수님의 향기가 옥합처럼 겉 사람의 견고함 때문에 바깥으로 흘러나올 수가 없습니다. 그래서 이 옥합은 깨야 하는 겁니다. 이 옥합을 깨는 것이 선악과를 반납하라는 겁니다. **"뜻, 의지, 견해."** 이것을 깨라는 겁니다. 이것을 깨야 여러분 속에 있는 예수 그리스도의 향유가 바깥에 나옵니다. 그래야 썩은 냄새를 잠재웁니다. 아담의 냄새가 없어지고, 죄의 냄새가 없어지는 겁니다.

사도 바울이 말하는 고린도후서 10장 4-5절을 봅시다

"우리의 싸우는 병기는 육체에 속한 것이 아니요 오직 하나님 앞에서 견고한 진을 파하는 강력이라 모든 이론을 파하며 하나님 아는 것을 대적하여 높아진 것을 다 파하고 모든 생각을 사로잡아 그리스도에게 복종케 하니"(고후 10:4-5).

여기서 말하는 '견고한 진'이 '옥합'이란 말입니다. 오늘의 말씀으로 하면, 이 '진'이 바로 **뜻, 의지, 견해**입니다. 자기 혼적 생명입니다. 이걸 깨라는 것은 죽으라는 겁니다. 그러니까 사람들이 멘붕 상태에 빠져버립니다. 그래서 무교절을 통과하기가 어렵습니다.

5절 다시 봅시다.

"모든 이론을 파하며 하나님 아는 것을 대적하여 높아진 것을 다 파

하고 모든 생각을 사로잡아"(5절).

  예수님의 향유가 담긴 그 옥합이 이론으로 돼 있습니다. '이론', 이게 '자아'란 말입니다. 인간이 자기의 생각, 자기의 지정의, 자기의 뜻을 내려놓지 못하여 무교절 생활을 계속 길게 끌려가는 겁니다.

  이걸 다른 말로 십자가라 그럽니다. 십자가요. 사도 바울이 십자가의 도를 깨달은 후에, 이 십자가의 의미를 깨달은 후에 "나는 모든 것을 다 배설물처럼 버렸다"라고 그랬습니다. 이게 십자가의 능력입니다. 이게 안 되면 천하에 하나님은 초실절의 영광을 주지 않습니다. "목사님, 나는 무교절 없어도 잘 되는데요?" 죽은 뒤에 불붙는 유리바다에 가서 치러야 됩니다. 거기 가서 치르지 말고 여기서 치릅시다.

  하나님이 우리에게 선악과를 반납하려고 한 이유가 있습니다. 인간이 독립된 자기의 뜻, 견해, 의지를 가지고 있으면, 사탄의 장난감이 돼버립니다. 마귀를 못 이깁니다. 사탄의 밥이 됩니다. 그래서 이걸 주님께로 넘겨야 하는 겁니다. 토하여 내야 하는 겁니다. **"아버지여, 아버지여, 내 뜻대로 마옵시고 아버지의 뜻대로 되옵소서."** 이렇게 말하면, 마귀는 내게서 바로 떠납니다.

선악과를 토해냈다는 세 가지 표식

그러면 여러분이 얼마만큼 선악과를 토하여 냈는지 어떻게 알 수 있습니까? 첫 번째가 **"주일 성수"**입니다. 주일 성수는 "주일이 되면 무조건 내 자리를 가야 한다. 내가 앉아야 할 자리는 한 자리다" 하는 겁니다. 이 주일 성수가 왜 하나님의 뜻과 관계있느냐? 주일에 내 뜻과 하나님의 뜻이 제일 많이 부딪히기 때문입니다. 적나라하게 부딪히는 현장이 바로 주일입니다. 주일이 되면, 하나님의 뜻은 나를 교회로 옮기려 그럽니다. 좋은 말씀이 증거 되는 자리에 갖다 놓으려 그럽니다. 그런데 내 뜻은 '결혼식 가야지, 등산 가야지, 낚시 가야지' 그렇습니다. 이렇게 두 개의 뜻이 딱 부딪칠 때, 갈등을 합니다. 이때 선악과를 토하지 못한 사람, 자신의 지정의를 내려놓지 못한 사람은 '에이, 교회는 다음에 가도 되지. 등산 가는 건, 친구들하고 모이는 건 이때밖에 없어. 하나님 한 번만 용서해 줘요.' 하고 삼각산에 올라갑니다. 그러면 주님이 뭐라 하는지 아십니까? "이 자식아, 너는 오늘 너의 뜻이 작동하는 날이야." 이래서 무교절이 10년씩 늘어납니다. 그니까 여러분, 나의 뜻이 부딪힐 때, 주일에는 무조건 내 뜻은 쳐서 복종시켜야 합니다. 아멘! 할렐루야!

주일에 교회에 와서 말씀을 잘 듣다가 설교를 듣고 열받는 일이 생기면, 그건 선악과입니다. 설교를 들으면서 왜 열받는 일이 생기냐? 자기 뜻이 있어서 열을 받는 겁니다. 설교 듣다가 '아이, 저건 아니야. 저거 이상해'라면서 설교를 평가하는 건 자기 뜻입니다. 자기 뜻을 충동시키지 말고, 내 뜻을 쳐 복종시켜야 합니다. 핑계 대지 맙시다. 어떤 사람들은 하나님까지 달래려고 별짓 다 합니다. 이 핑계, 저 핑계를 대면서 말입니다. 이 시간, 다짐을 합시다. 천국 갈 때까지 주일성수를 한 번도 범하지 않고 교회에 가기로 다짐합시다.

두 번째는 **"십일조"**입니다. 십일조에서 하나님의 뜻과 내 뜻이 정면충돌이 일어납니다. 온전한 십일조를 하는 게 쉬운 일이 아닙니다. 십일조를 이야기하면, "하~ 목사님, 십일조 떼고 뭐 떼고 어떻게 먹고살아요?" 하고 말합니다. 십일조는 할아버지, 할머니가 손자에게 "새우깡 하나만 줘봐. 아~"라고 이야기하면서 뒤에 만 원짜리를 가지고 있는 것과 같습니다. 하나님이 여러분한테 십일조에 대해서 이야기하면서 "아~" 하고 입을 벌리면, 십일조를 하나님한테 딱 드려봅시다. 하나님께서 뒤에 만 원짜리를 가지고 계십니다. 만 원을 주면, 새우깡 몇 개 삽니까? 새우깡이 천 원이면, 열 개를 삽니다. 새우깡 한 개만 할아버지 입에 넣어주면, 새우깡 열 봉지가 생기는 겁니다. 이게 십일조의 원리입니다. 하나님은 십일조를 통하여 돈 걷으려고 하는 게 아닙니다. 하나님은 부족함이 없는 분이십니다. 십일조를 통해서 자신의 뜻을 반납하길 원하시는 겁니다. 십일조는 성도를 살리는 겁니다. 무교절을 통과시키는 핵심입니다.

세 번째는 **"주의 종의 견해 안으로"** 들어가야 합니다. 하나님의 뜻은 주의 종의 견해 안에 머뭅니다. 여러분이 주님의 뜻을 분별

하는 데, 한계점이 있습니다. 하나님께서는 자신이 세우신 주의 종에게 하나님의 뜻을 나타내십니다. 주의 종의 견해에 하나님의 뜻이 있기에 우리가 주의 종의 견해 안에 머물러야 합니다. 지금 한국 교회가 이 부분이 참 안 되어 있습니다. 그런데, 이건 정말 중요한 겁니다.

하나님이 이스라엘 백성들에게 이것을 어떻게 훈련시켰는지 한 번 봅시다. 하나님이 모세를 통해 이스라엘 백성들을 애굽 땅에서 이끌어내서 가나안 땅으로 가라고 했습니다. 그런데 장정만 60만 명입니다. 기간은 40년이었습니다. 바로 눈앞에 가나안 땅이 있는데, 거꾸로 돌아가라고 이야기합니다. 하나님께서 가라고 하면 가고, 멈추라고 하면 멈췄습니다. 그리 멀지 않은 곳이지만, 이스라엘 백성들은 가나안 땅에 들어가지 못했습니다. 불평불만인 이스라엘 백성들에게 하늘의 하나님이 말씀하셨습니다. "모세야, 너희 백성들이 아직도 견해가 싱싱하게 살았어. 저것 봐라! 저놈들은 가나안땅에 넣어줄 수 없어." 왜 그렇다고 하셨습니까? **"뜻, 의지, 견해."** 자기의 독립된 의지를 그대로 가지고 있다는 겁니다.

애굽에서 가나안 땅까지 직선거리로 14일이면 갈 수 있는 거리입니다. 14일이면 들어갈 수 있는 곳인데, 40년 동안 뺑뺑 돌리고, 지나갔던 자리에 다시 오고 불평불만이 나올 수 있겠죠. 그런데 하나님은 이스라엘 백성들이 하나님의 백성으로서 순종하는지, 정말 자신의 뜻과 의지와 견해를 내려놓는지 시험하신 겁니다. 누구를 통해서? 주의 종인 모세를 통해서 하시는 겁니다. 그러니까 주의 종이 하는 일이 이성적으로 이해가 안 돼도 순종합시다.

하나님은 우리의 견해, 뜻, 의지를 다시 하나님의 견해, 뜻, 의지 안으로 예속시키려는 겁니다. **"뜻, 의지, 견해."** 이것을 하나님께 예속시켜야 합니다. **"주일 성수, 십일조, 주의 종의 견해 안에."** 순종하면 무덤은 열립니다!

기도

"주님! 이제 선악과를 더 이상 내가 갖고 있지 않겠습니다. 나의 뜻, 의지, 견해, 나의 선악과를 주님 앞에 토하여 내겠습니다. 아버지께로 던집니다. 하나님, 나의 의지를 주장하시고, 나의 뜻을 삼켜주시고, 나의 견해를 주님께서 가지고 가세요. 온전히 날 주님께 예속시키겠습니다. 예수님의 이름으로 기도하옵나이다. 아멘."

04

/

초실절

데살로니가전서 4:13-16

¹³형제들아 자는 자들에 관하여는 너희가 알지 못함을 우리가 원치 아니하노니 이는 소망 없는 다른이와 같이 슬퍼하지 않게 하려 함이라 ¹⁴우리가 예수의 죽었다가 다시 사심을 믿을찐대 이와 같이 예수 안에서 자는 자들도 하나님이 저와 함께 데리고 오시리라 ¹⁵우리가 주의 말씀으로 너희에게 이것을 말하노니 주 강림하실 때까지 우리 살아 남아 있는 자도 자는 자보다 결단코 앞서지 못하리라 ¹⁶주께서 호령과 천사장의 소리와 하나님의 나팔로 친히 하늘로 좇아 강림하시리니 그리스도 안에서 죽은 자들이 먼저 일어나고

7대 명절 중 초실절은 부활입니다. 무교절이 완성된 사람에게 주님은 초실절의 영광을 주십니다. 초실절은 예수 그리스도에게는 부활입니다. 예수님을 부활의 첫 열매라고 그럽니다. 구약시

대의 초실절은 그 해 제일 먼저 익은 곡식, 제일 먼저 첫 예물, 첫 곡식을 사람이 먹지 않고 이것을 하나님께 먼저 갖다 바칩니다. 이게 초실절입니다.

첫 번째 초실절은 구약시대 이스라엘 백성들이 농사를 지어서 그것으로 하나님께 갖다 바쳤습니다. 이것이 초실절의 완성입니다. 두 번째 초실절은 주님이 완성했습니다. 예수님이 부활한 것을 부활의 첫 열매라고 그럽니다. 그러니까 사실 초실절의 진짜 뜻은 주님이 완성한 겁니다. 부활하신 이 자체가 초실절의 두 번째입니다. 그리고 최후의 초실절이 있습니다. 이 최후의 초실절은 언제 이루어지느냐? 예수님이 이 땅에 재림하실 때 이루어집니다.

마리아가 무덤을 찾으러 갔다가 부활한 예수님을 만났습니다. 요한복음 20장에 보면, 마리아가 예수님을 보고 "선생님!" 하면서 딱 잡으려고 하니까, 주님이 "내 몸에 손을 대지 말라"라고 하셨습니다. **"손을 대지 말라."** "마리아야, 부활한 나를 만지지 말라. 내가 먼저 아버지께 보여야 한다." 이렇게 말씀하셨습니다. 구약에서 초실절이 되면, 처음 나온 곡식을 따서 사람이 취할 수 없었습니다. 요걸 하나님께 먼저 보이는 겁니다. 그래서 주님이 부활한 것을 초실절의 상징이라고 하는 겁니다. "내 몸에 손을 대지 말라, 네가 나를 만질 자격이 없다. 내가 아버지께 먼저 보여야 한다."

고린도전서 15장 20절을 봅시다.

"그러나 이제 그리스도께서 죽은 자 가운데서 다시 살아 잠자는 자들의 첫 열매가 되셨도다"(고전 15:20).

이 말을 살짝 바꾸면, 잠자는 자들의 초실절이 되었다, 첫 열매 초실절이 되었다, 예수님이 부활한 것이 초실절의 선포인 겁니다.

그다음에 21-23절을 읽어봅시다.

"사망이 사람으로 말미암았으니 죽은 자의 부활도 사람으로 말미암는도다. 아담 안에서 모든 사람이 죽은것 같이 그리스도 안에서 모든 사람이 삶을 얻으리라. 그러나 각각 자기 차례대로 되리니 먼저는 첫 열매인 그리스도요 다음에는 그리스도 강림하실 때에 그에게 붙은 자요"(고전 15:21-23).

초실절이 언제 이루어집니까? 최후의 초실절은 **"그러나 각각 자기 차례대로 되리니."** 초실절이 첫 열매인 그리스도에게 먼저 왔고, 그다음 그리스도가 강림하실 때, 예수님이 재림하실 때, 그에게 붙은 자에게 초실절이 일어난다는 겁니다. 그런데 각각 자기 차례대로 된다는 겁니다.

이 말은 무슨 말입니까? 여러분과 제가 이렇게 살다가 언젠가 죽습니다. 영혼은 하늘나라로 갑니다. 그러면 천국에 가 있는 영혼이 천국에서 영원히 삽니까, 돌아옵니까? 다시 돌아옵니다. 지금 구원받은 영혼은 구원의 완성이 아닙니다. 사람은 세 가지 형체가 있다고 그랬습니다. 첫 번째, '육체 안에 있는 사람'입니다. 지금 여러분과 저입니다. 육체의 인간입니다. 두 번째는 육체를 벗어버리고, '영체만 가지고 있는 인간'이 있습니다. **"영체의 인간."** 이게 하늘나라에 가 있는 영혼들입니다. 지금 하늘나라에 가 있는 사람들은 영체로 가 있는 겁니다. 마지막으로 예수님이 재림하면, 예수님이 다시 돌아올 때, 부활체로 돌아옵니다. **"부활체."** 이게 구원의 완성입니다. 죽어서 천국 가는 것이 구원의 완성이 아니고, 다시 돌아와서 부활합니다. 그러니까 인간 최고의 성공은 부활에서 승리해야 합니다.

데살로니가전서 4장 13-16절을 봅시다.

"형제들아 자는 자들에 관하여는 너희가 알지 못함을 우리가 원치 아니하노니 이는 소망 없는 다른이와 같이 슬퍼하지 않게 하려 함이라 우리가 예수의 죽었다가 다시 사심을 믿을찐대 이와 같이 예수 안에서 자는 자들도 하나님이 저와 함께 데리고 오시리라 우리가 주의 말씀으로 너희에게 이것을 말하노니 주 강림하실 때까지 우리 살아 남아 있는 자도 자는 자보다 결단코 앞서지 못하리라 주께서 호령과 천사장의 소리와 하나님의 나팔로 친히 하늘로 좇아 강림하시리니 그리스도 안에서 죽은 자들이 먼저 일어나고"(살전 4:13-16).

여기서 말하는 '자는 자들'은 육체의 잠이 아니라 죽음의 잠을 말하는 겁니다. 여기서 '자는 자들'은 죽어서 하늘나라에 가 있는 사람입니다. 죽어서 천국에 가 있는 사람들에 관하여는 '너희가 알지 못하기를 원치 아니하노니, 이는 소망 없는 다른이와 같이 슬퍼하지 않게 하려 함이라.' 이게 장례식 때 읽는 성경입니다. 장례식을 할 때 부활 사건이 앞에 남았으니까, 슬퍼하지 말라고 말하는 겁니다.

그리고 예수님이 이 땅에 재림하여 오실 때 어떤 일이 생깁니까? **"죽은 자들이 먼저 일어나고."** 예수님이 재림하실 때, 죽은 영혼을 데리고 옵니다. 죽은 영혼을 데리고 오면, 무덤이 터지면서 먼저 부활합니다. 그러면 오래전에 죽어서 무덤이 다 썩어져서 없어진 사람은 어디서 부활합니까? 질량 불변의 법칙입니다. 썩어서 없어져도 그 시체는 이 땅에 다 성분이 그대로 있습니다. 죽은 영혼들이 먼저 부활을 하고, 그다음에 살아있는 사람 중에 그당시 주님이 재림하는 그 순간에 유월절과 무교절을 완벽하게 거친 사람은 죽음에 가지 않고 산 채로 바로 부활합니다. 그걸 휴거라 그럽니다. 그 순간이 우리에게 다가오고 있습니다. 예수님의 초실절을 믿으면, 주님이 재림할 때 우리에게도 부활이 일어납니다. 이걸 안 믿는 사람은 기독교인이 아닙니다. 교회 안에도 가짜 기독교인이 너무 많습니다.

고린도후서 12장 1-4절을 봅시다.

"무익하나마 내가 부득불 자랑하노니 주의 환상과 계시를 말하리라 내가 그리스도 안에 있는 한 사람을 아노니 십 사 년 전에 그가 셋째 하늘에 이끌려 간 자라 (그가 몸 안에 있었는지 몸 밖에 있었는지 나는 모르거니와 하나님은 아시느니라) 내가 이런 사람을 아노니 (그가 몸 안에 있었는지 몸 밖에 있었는지 나는 모르거니와 하나님은 아시느니라) 그가 낙원으로 이끌려가서 말할 수 없는 말을 들었으니 사람이 가히 이르지 못할 말이로다"(고후 12:1-4).

사도 바울이 14년 전에 하늘나라를 갔다 왔는데, 이 땅 말로 표현할 수 없는 것을 보게 됐다고 합니다. 이 땅에서 언어로서는 한계점이 있다는 겁니다. 천국과 지옥을 보고 온 사람들이 이 땅에 와서 간증 집회를 시켜 보면, 말을 다 못 합니다. 그냥 좋다는 소리밖에 못 합니다. 언어의 한계점이 있단 말입니다. 사도 바울이 한 인간을 보게 되었습니다. 한 인간의 출발이 엄마 뱃속에서 시작해서 제2의 모태인 이 땅에서 100년을 삽니다. 그리고 죽더니, 육체는 땅속에 들어가고 영혼은 하늘나라로 올라가더라는 겁니다. 그 과정을 바울은 다 본 겁니다. 천국에서 본 겁니다. 올라가더니, 영혼이 다시 예수님 재림할 때 예수님이 영혼을 데리고 오더라는 겁니다. 아멘.

천사처럼 영광스러운 부활

모든 인간들의 부활 상태가 한 사람도 같은 사람이 없고, 다 달랐습니다. 이것을 하늘의 빛의 밝기를 가지고 비유로 설명한 겁니다. 이 세상에서 그걸 말로 할 수 없으니까 말입니다. 부활 중에는 하늘의 형체도 있다고 했습니다. 이건 천사의 모양입니다.

부활을 말할 때, 주님은 항상 천사에 대한 얘기를 연관시켜서 말할 때가 많았습니다.

예수님이 이 땅에 계실 때 어떤 바리새인과 사두개인이 예수님께 시험을 하러 왔습니다. 공격하려고, 말싸움하려고 왔습니다. "예수님." "왜 그러냐?" "예수님은 사람이 죽으면 부활을 한다면서요?" "부활하지. 당연히 부활하지." 그랬더니, 예수님을 올무에 빠뜨리려고 이렇게 예화를 들었습니다. 예화가 아닌 사실인지 모릅니다.

어떤 집에 일곱 아들이 있는데, 제일 큰 장남이 결혼을 해서 마누라를 얻었습니다. 그런데 애를 못 낳고 죽어버렸습니다. 요즘 우리나라 같으면, 그냥 죽으면 다른 데 시집가도 되지 않겠습니까? 하지만 이스라엘은 불가능합니다. 시동생이 형수를 데리고 살아야 합니다. 둘째 시동생이 형수를 데리고 살면서 형수의 뱃속에서 애가 나와야 합니다. 형 대신에 후대를 이어야 합니다. 아이가 나와야 둘째 시동생이 자기 장가를 갑니다. 양자 개념이 이스라엘이 우리나라보다 백배는 강합니다. 둘째가 그 형수를 데리고 살았는데, 둘째도 결혼식 끝나고 그다음 날 죽었습니다. 또 애를 못 낳고 죽었습니다. 그러면 형수 방에 몇째가 들어갑니까? 셋째가 들어갔는데, 셋째도 결혼식을 하고 죽었습니다. 넷째하고 결혼시켰더니, 애를 안 낳고 또 죽었습니다. 계속 그렇게 해서 마지막 막내 하나밖에 없었습니다. 일곱째 아들을 그 형수 방에 딱 넣었더니, 일곱째 아들도 죽었습니다. 그러면서 예수님께 이렇게 말하는 겁니다. "그렇게 됐을 때, 예수님이 부활한다고 했는데, 한 여자가 일곱 형제들을 다 데리고 살았는데 이 여자는 하나고 남편은 일곱인데 누구의 아내가 되겠습니까?" 이렇게 물었습니다. "부활했을 때는 이 여자가 누구하고 살아야 합니까?"

그럴 때 주님이 이렇게 대답한 겁니다. "너희들이 성경도, 신령한 세계도 알지 못하므로 오해하였구나. 부활 때는 장가가고 시집가고 하는 것이 없다." 그러면서 천사와 같다고 그랬습니다. 그러면 천사들은 시집 장가 갑니까, 안 갑니까? 천사들은 중성입니다. 사람만 이 땅에 있을 때 남자 여자가 있지, 천국 가면 없습니다. 천사처럼 중성이란 말입니다.

그러니까 부활을 할 때, 예수님이 천사의 얘기를 많이 했습니다. 그러니까 여러분들은 최소한 부활할 때, **"천사 이상으로 부활합시다."**

그런데 '땅의 형체'도 있습니다. 땅의 형체는 짐승을 말하는 겁니다. 영광의 부활만 하는 게 아니고, 짐승같이 부활하는 사람도 있는 겁니다.

다니엘서 12장 1-2절을 읽어봅시다.

"그때에 네 민족을 호위하는 대군 미가엘이 일어날 것이요 또 환난이 있으리니 이는 개국 이래로 그 때까지 없던 환난일 것이며 그 때에 네 백성 중 무릇 책에 기록된 모든 자가 구원을 얻을 것이라 땅의 티끌 가운데서 자는 자 중에 많이 깨어 영생을 얻는 자도 있겠고 수욕을 받아서 무궁히 부끄러움을 입을 자도 있을 것이며"(단 12:1-2).

여기서도 '자는 자'는 죽음의 잠을 말합니다. 죽은 사람이 깨었다는 것은 부활한다는 겁니다. '영생을 얻는 자'는 좋은 부활이란 말입니다. 반면에 안 좋은 부활이 있습니다. '수욕을 받아서 무궁히 부끄러움을 입을 자도 있을 것이며.' 부끄러운 부활이 있습니다.

하나님의 맞춤형 양육

하나님은 여러분과 저를 양육할 때 맞춤형으로 합니다. 하나님이 여러분과 저를 양육하는 지향점은 바로 마지막 최후의 초실절입니다. 다시 말해 부활입니다. **"부활."** 부활에다가 딱 맞춰놓고 여러분과 저를 끌고 가는 겁니다. 하나님은 모든 전체를 부활에다 맞춰놓고, 사람을 거기에 맞게 끌어가십니다. 우리는 하나님의 의도를 읽어내야 합니다. 우리는 이 세상에서 돈을 벌고, 애들 공부도 시키고, 사업을 확장합니다. 이런 것들이 우리에게 목적이 되지만, 하나님은 아닙니다. 하나님의 모든 양육은 인간을 부활의 초점을 맞춰놓고 이루어집니다. 매일 일어나는 일, 매일 사람 만나는 일, 이 모든 환경들이 부활과 관계성으로 일어납니다.

그래서 원수 마귀 사탄은 이 부활의 도를 말하는 걸 아주 싫어

합니다. 사도행전에 보면, 바울을 돌로 치고 감옥에 가둘 때, 이 사람이 부활의 도를 전함을 용서할 수 없다고 그럽니다. 부활의 도를 전하는 것을 그렇게 마귀가 싫어합니다. **"부활의 도."** 그러나 여러분과 저는 이것을 알아야 합니다. 이걸 모르면 속는 겁니다. 우리는 다 부활 열차를 타야 합니다. **"부활 열차를 탑시다."**

세 번째 부활은 '삶의 부활'입니다. **"삶의 부활."** 여러분과 저는 여기에 관심이 많을 겁니다. 이 세상에서 초실절이 오기를 바라는 겁니다. 물질의 부활, 자녀의 부활, 사업의 부활, 다 부활입니다.

이 세상에서 삶의 부활, 삶의 초실절까지 가기 위해서는 무교절에서 빨리 하나님께 합격을 받아야 합니다. '너는 이제 진짜로 다 선악과를 토하여 냈다.' 그래서 정말로 선악과를 토하여 냈는지 하나님이 우리 주위에 사람들을 세워서 계속 우리를 찔러보는 겁니다. 여러분과 제 주위에서 날 미워하는 사람, 날 씹는 사람, 욕하는 사람, 이런 사람이 내 주위에 일어날 때, 우리가 얼마나 기분 나쁩니까? 얼마나 힘듭니까? 그때 내가 선악과로 반응하잖습니까? 내가 선악과로 반응하면 주님이 계속 강도를 높입니다. 계속 하나님이 그러한 유사한 일을 연타로 계속 갖다 때려버립니다. 이걸 선악과로 반응하지 않고 신의 성품인 예수로 반응하면 됩니다. 예수로 반응하면, 하나님이 더 이상 우리에게 무교절의 처방을 내릴 필요가 없어집니다. 곧바로 초실절로 갑니다.

에스겔 37장 1-3절을 읽어봅시다.

"여호와께서 권능으로 내게 임하시고 그 신으로 나를 데리고 가서 골짜기 가운데 두셨는데 거기 뼈가 가득하더라 나를 그 뼈 사방으로 지나게 하시기로 본즉 그 골짜기 지면에 뼈가 심히 많고 아주 말랐더라 그가 내게 이르시되 인자여 이 뼈들이 능히 살겠느냐 하시기로 내가 대답하되 주 여호와여 주께서 아시나이다"(겔 37:1-3).

이게 바로 이스라엘 백성들의 집단 무교절들을 말하는 겁니다. 완전히 무덤 아랫목에 들어가 있는 상태를 말합니다. 그러다가 이제 11절을 봅시다.

"또 내게 이르시되 인자야 이 뼈들은 이스라엘 온 족속이라 그들이 이르기를 우리의 뼈들이 말랐고 우리의 소망이 없어졌으니 우리는 다 멸절되었다 하느니라"(겔 37:11).

네가 본 이 무덤이 무슨 뜻이냐? 뼈가 가득한 무덤이 무슨 뜻이냐? 하나님이 바벨론의 삶 전체를 무덤으로 본 겁니다. 그러나 12-14절을 이어서 봅시다.

"그러므로 너는 대언하여 그들에게 이르기를 주 여호와의 말씀에 내 백성들아 내가 너희 무덤을 열고 너희로 거기서 나오게하고 이스라엘 땅으로 들어가게 하리라 내 백성들아 내가 너희 무덤을 열고 너희로 거기서 나오게 한즉 너희가 나를 여호와인줄 알리라 내가 또 내 신을 너희 속에 두어 너희로 살게 하고…"(겔 37:12-14).

이제 이스라엘 백성들이 무덤에서 나오는 것처럼 우리도 삶의 초실절이 시작이 돼야 합니다. 우리의 삶에 부활이 일어나야 합니다. 이 삶의 부활이 이루어지면, 사람의 마음의 상태가 어떤 상태가 됩니까? 바로 무슨 일이든지 하면 될 것 같은 마음의 상태가 됩니다. 마음속에 일어나는 충동이 그냥 만만합니다. 모든 일이 만만하게 보입니다. 이 사람은 삶의 초실절이 시작된 겁니다. 지금 당장 돈은 안 벌려도 뭐든지 내가 하면 된다는 자신감이 일어납니다. 과대망상 정도로 말입니다. 이런 사람은 삶의 현실에서 초실절과 부활의 시작이 일어나는 겁니다. 그런데 뭘 일을 보고 겁나고 두려워하고 자꾸 주저한다면, 아직 삶의 초실절까지는 안 간 겁니다. 하나님은 여러분과 저에게 빨리 많은 초실절을 주시려고 합니다. 물질도, 자녀도, 가정도, 사업도, 여러분이 하는 모든 일도 주시려고 합니다.

초실절은 심는 것

주님이 이 땅에 오실 때, 최후의 초실절에 있을 때 사람들이 부활하는데 부활하는 형태가 사람별로 다 다릅니다. 사도 바울은 고린도전서 15장 40-44절에 부활의 다양성을 말합니다.

"하늘에 속한 형체도 있고 땅에 속한 형체도 있으나 하늘에 속한 자의 영광이 따로 있고 땅에 속한 자의 영광이 따로 있으니 해의 영광도 다르며 달의 영광도 다르며 별의 영광도 다른데 별과 별의 영광이 다르도다 죽은 자의 부활도 이와 같으니 썩을 것으로 심고 썩지 아니할 것으로 다시 살며 욕된 것으로 심고 영광스러운 것으로 다시 살며 약한 것으로 심고 강한 것으로 다시 살며 육의 몸으로 심고 신령한 몸으로 다시 사나니 육의 몸이 있은즉 또 신령한 몸이 있느니라"(고전 15:40-44).

이 부활에 대해서 확실히 눈을 뜬 사람, 부활에 대해서 열린 사람은 압니다. '인간 최후 상태는 부활이구나!' **"부활에서 승리합시다."**

사도 바울은 고린도전서 15장 42절에서 '죽은 자의 부활도 이와 같다'고 이야기합니다. 그다음이 중요합니다. '썩을 것으로 심고.' **"심고."** 심는다는 것은 초실절에서 정말 중요한 키워드입니다. 유월절의 키워드는 **"피"**입니다. 예수의 피를 아느냐 모르느냐에 구원이 있고 없고가 결정됩니다. 무교절의 키워드는 **"선악과"**입니다. 선악과를 내가 계속 붙잡고 있느냐 토해 내느냐에 있습니다. 초실절의 키워드는 심는 겁니다. **"심자."** 부활은 심는 대로 반응합니다. 모든 기회를 부활의 씨를 심는 기회로 삼아야 합니다.

이 땅의 모든 것은 다 썩습니다. 사람의 육체도 썩고, 시간도 썩고, 존재도 썩고, 모든 전체는 다 썩는 겁니다. 이 땅에 있는 모든 것은 여러분과 제가 이 땅에 살면서 나를 통하여 일어나는 **"존재"**

를 말합니다. 우리가 사는 삶의 현실 속에서 매일같이 일어나는 일은 둘 중 하나입니다. 하나는 좋은 일이고, 또 하나는 나쁜 일입니다. 다른 말로 "긍정적인 것, 부정적인 것"입니다.

여러분이 이 땅에 하는 모든 것에는 능동적인 일, 수동적인 일이 일어납니다. 다른 말로 좋은 사건, 나쁜 사건입니다. 긍정적인 것은 나는 하기 싫지만, 부활의 영광을 위해 하나님의 말씀에 순종하면서 부활을 심는 겁니다. "좋은 일"로 나에게 다가올 때 부활의 기회에 꼭 심읍시다. 예를 들어서, 이번 주에 돈을 내가 1억을 벌었습니다. 그러면 "와! 강원도의 땅값이 오른다는데 거기에 투자해 볼까?" 이런 생각을 하는 것은 부활의 기회에 심는 게 아닙니다. '목사님이 교회를 짓는다고 선포하니까 하나님이 돈을 주시네.' 이렇게 생각이 돼야 합니다. '복음을 위하여 나보고 심으라고 하시네.' 이런 생각을 해야 합니다. 이러면 어떤 역사가 일어나는지 아십니까? 좋은 일이 파도처럼 계속 밀려옵니다. 심는 대로 하나님의 역사가 그 사람에게 임합니다. 한 번 좋은 일이 온 걸로 끝나는 사람은 좋은 일을, 부활을 위하여 심지 않고 이걸 이 세상의 썩을 걸 위하여 심어서 그런 겁니다. 그러니까 좋은 일이 계속 안 일어나는 겁니다.

반대로 부정적인 겁니다. 나한테 안 좋은 일이 일어날 때 이렇게 해야 합니다. '아! 주님이 나를 해의 부활을 시키려고, 진짜로 내가 무교절의 찌꺼기에서 다 나왔는지, 주님이 나를 시험하는구나.' '오 하나님이 나에게 부활을 위한 초실절을 위하여 심게 하는

구나.' 하는 생각을 합시다. **"쉽게 하는구나."** "너 그런 상태로는 부활 세게 못 해. 그니까 너는 계속 무교절을 더 해야 해. 내가 또 더 센 자를 붙여줄게." 이래서 점점 더 강한 사람을 자꾸 갖다 붙여 주십니다. 하나님은 우리를 사랑하니까 부활을 업 시키려고 하는 겁니다.

그러니까 이제 모든 일어난 일은 둘 중 하나입니다. **"좋은 일, 나쁜 일."** 모든 사건을 대하는 것을 부활에 염두에 둡시다. 이번에 안 좋은 일이 생길 때도 미워하지 말고, 맞받아치지 맙시다. "이때 내가 하나님께 감사하자." 누가 날 미워하고 씹고 하거든 그때 하나님께 합격을 해야 합니다. "사랑해!" 이렇게요. 연습 한번 해 봅시다. **"사랑해."** 안 되거든 연습을 많이 해봅시다.

"한번 해봅시다. 심어봅시다." 부활을 심어야 합니다. 부활을 심으면, 계속 부활의 영광이 열립니다. 반대로 부활을 심지 않고, 세상의 것을 심으면 세상의 것이 나옵니다. 그런데 이 땅의 모든 것은 다 썩습니다. 있다가 사라질 것들입니다.

다 다른 부활의 영광

40절을 다시 돌이켜 보시면, '하늘에 속한 형체도 있고, 땅에 속한 형체도 있으니, 하늘의 영광이 따로 있고 땅의 영광이 따로 있다'고 합니다. 육의 몸이 있고, 그와 같이 신령한 몸도 옵니다. 해의 영광도 다르며, 달의 영광도 별과 별의 영광도 다르다고 합니다. 그때 무덤에서 톡톡톡 튀어나오면서 부활하는 걸 보니까 사람마다 부활의 모습이 다 다르더라는 겁니다. 바울이 보니까, 어떤 사람은 해처럼 광명하게 부활합니다. **"해의 부활."** 어떤 사람은 **"달의 부활," "별의 부활."** 이렇게 부활이 사람마다 같은 사람이 하나도 없습니다. 인간의 70억 인구가 여기에 지문을 찍으면 지문이 같은 사람이 없듯이, 사람의 부활하는 모습이 이 땅에 같은 사람이 한 명도 없고, 조금씩 다 다릅니다. 크게 나누면 세 가지입니다. **"해의 부활, 달의 부활, 별의 부활."** 아멘.

여러분, 인간 최후의 성공과 실패는 이 땅에서 누가 돈을 많이 벌었느냐? 아닙니다. 이 땅에서 누가 명예와 인기를 많이 누렸냐? 아닙니다. 누가 자식을 공부를 잘 시켜 애를 잘 키우냐? 아닙니다. 이 땅의 한 인간의 모든 최종적인 성공 실패는 부활에서 결정됩니다. 이게 모든 인생의 평가입니다.

여러분들은 영광의 부활을 하길 원합니까? 아니면 부끄러운 부활을 원합니까? 영광의 부활에 들어가려면 최소한 이 세 가지 안에 들어가야 합니다. **"해의 부활, 달의 부활, 별의 부활."** 그 나머지 뒤의 부활은 다 부끄러운 부활입니다.

저는 해의 부활을 꼭 하려고 지금 독한 마음으로 달려가고 있는데, 여러분들도 해의 부활을 향해서 달려갑시다. 달의 부활까지라도 합시다. 해의 부활은 일반적 부활이 아닙니다. 이것은 순교자의 부활입니다. 해의 부활은 **"순교자의 부활"**입니다.

생명의 부활

부활이 사람마다 다른데, 여러분은 큰 부활에서 심판의 부활로 가면 안 됩니다. 일단 예수 믿고 구원받아 유월절을 거쳐서 생명의 부활의 선에 서야 합니다. 우리는 부활로 승부해야 합니다.

요한복음 5장 24-29절을 읽어봅시다.

"내가 진실로 진실로 너희에게 이르노니 내 말을 듣고 또 나 보내신 이를 믿는 자는 영생을 얻었고 심판에 이르지 아니하나니 사망에서 생명으로 옮겼느니라 진실로 진실로 너희에게 이르노니 죽은 자들이 하나님의 아들의 음성을 들을 때가 오나니 곧 이 때라 듣는 자는 살아나리라 아버지께서 자기 속에 생명이 있음 같이 아들에게도 생명을 주어 그 속에 있게 하셨고 또 인자됨을 인하여 심판하는 권세를 주셨느니라 이를 기이히 여기지 말라 무덤 속에 있는 자가 다 그의 음성을 들을 때가 오나니 선한 일을 행한 자는 생명의 부활로, 악한 일을 행한 자는 심판의 부활로 나오리라"(요 5:24-29).

선한 일을 행한 자는 생명의 부활이 일어난다고 합니다. 이 선한 일은 착한 행동을 말하는 게 아닙니다. 도덕적 선을 말하는 게 아니라, 관계적 선입니다. 다시 말해서, 주님과 함께 유월절과 무교절의 관계를 바로 맺은 선입니다. 이걸 착각하면 안 됩니다. 이 관계적 선을 선이라고 하는 겁니다. 이렇게 유월절과 무교절에서 관계적 선을 행한 자는 생명의 부활로 나아갑니다. 악한 일을 행한 자라는 것은 이건 윤리적 악함을 말하는 게 아니라, 유월절과 무교절을 모르는 관계적 악함을 말합니다. 영적 악함입니다. 그러니까 영적 악함, 관계적으로 악한 자는 심판의 부활로 나아갑니다.

다시 정리해 봅시다. 여러분과 제가 이렇게 살다 보면 언젠가는 죽습니다. 죽으면 우리의 육신은 땅으로, 영혼은 하늘나라로 갑니다. 하늘나라에서 주님이 부활할 때 "해의 부활, 달의 부활, 별의 부활"이 일어납니다. 불신자들, 예수 안 믿는 세상 사람들도 언젠가는 죽습니다. 그 사람의 육체는 땅으로, 그 영혼은 지옥으로 갑니다. 그리고 그들도 강제로 끌어내어 부활합니다. 왜 그렇습니까? 그들은 심판을 받아야 하기 때문입니다. 이것을 심판의 부활이라고 합니다.

다시 말하면, 모든 인간은 무조건 다 부활합니다. 부활의 순서만 다릅니다. 주님이 재림할 때, 우리는 생명의 부활을 합니다. 생명의 부활은 천년왕국 들어가기 전에 부활이 다 끝납니다. 불신자들은 심판의 부활을 합니다. 죽은 자들의 부활은 천년왕국이 끝난 뒤에 심판의 부활이 일어납니다. 그러니까 거기에 참여하면 안 됩니다. 우리는 생명의 부활에 들어가야 합니다. 그리고 **"해의 부활, 달의 부활, 별의 부활"**을 받아야 합니다.

더 나은 부활을 위해
생명을 던진 초대교회 성도들

히브리서 11장 34-35절을 읽어봅시다. 초대교회 성도들은요, 이렇게 산 사람도 있습니다.

"불의 세력을 멸하기도 하며 칼날을 피하기도 하며 연약한 가운데서 강하게 되기도 하며 전쟁에 용맹되어 이방 사람들의 진을 물리치기도 하며 여자들은 자기의 죽은 자를 부활로 받기도 하며 또 어떤이들은 더 좋은 부활을 얻고자 하여 악형을 받되…"(히 11:34-35).

초대교회 성도들은 더 좋은 부활을 얻고자 했습니다. 해의 부활, 달의 부활입니다. 더 좋은 부활을 얻고자 하여 악형을 받았다는 것은 순교입니다. 초대교회 성도들은 순교를 자원하여 구차히 피하지 않았습니다. 초대교회 성도들은 성령이 충만해서 교회와 하늘나라 거리가 멀지 않았습니다. 초대교회 교부들의 문서를 보면, 기상천외한 것들이 있습니다. 그때는 예배를 지금 우리처럼 이렇게 안 드렸습니다. 지금은 우리가 예배드려도 끽해봤자 신령한 은사가 방언밖에 안 됩니다. 그런데 그때 성도들은 방언을 더해 예배 공식 순서에 예언 순서가 있었습니다. 설교가 끝나면 통성기도를 하고 예언의 영이 임한 사람이 일어섰습니다. 그래서 한 주일의 예언을 했습니다.

지금 우리 교회에서 희귀한 은사들이 일 년에 한두 건씩 일어나지만, 초대교회 때는 예배의 공식 순서에 입신 은사가 살아 있었습니다. 그러니까 예배만 드리면 가는 겁니다. 생생하게 천국의 복음이 나오니까, 목숨 걸고 순교하려고 덤빈 겁니다. 천국과 이 교회 사이가 거리가 멀지 않고, 좁아져 있었단 말입니다. 초대교회 성도들 중에 어떤 사람은 더 나은 부활을 위하여 생명을 던졌다는 겁니다.

기도

"주님, 나의 모든 기회를 부활의 기회로 삼겠습니다. 좋은 기회도 내게 고통스러운 기회도 좋은 일도 나쁜 일도 모든 기회는 하나님이 나에게 부활을 위하여 주신 기회입니다. 잊어버리지 않고 부활의 주를 붙잡게 하여 주시고 심는 원리를 붙잡게 하여 주서서 원수를 사랑하고, 원수를 대적하지 않고, 물질을 주시면, 좋은 기회를 주시면 그 모든 것이 다 부활을 위한 기회로 삼게 하여 주세요. 성령이여, 나의 오늘 결단을 붙잡아 주세요. 예수님의 이름으로 기도하옵나이다. 아멘."

05

/

오순절

사도행전 2:1-4

¹오순절날이 이미 이르매 저희가 다 같이 한곳에 모였더니 ²홀연히 하늘로부터 급하고 강한 바람 같은 소리가 있어 저희 앉은 온 집에 가득하며 ³불의 혀 같이 갈라지는 것이 저희에게 보여 각 사람 위에 임하여 있더니 ⁴저희가 다 성령의 충만함을 받고 성령이 말하게 하심에 따라 다른 방언으로 말하기를 시작하니라

7대 명절 중 오순절은 성령이 하늘로부터 일대일로 각 사람 머리 위에 임하는 겁니다. 단체 위가 아니라 각 사람 머리 위에 성령이 부어지는 겁니다. 사도행전 2장 1-4절을 읽어봅시다.

"오순절 날이 이미 이르매 저희가 다 같이 한 곳에 모였더니 홀연히 하늘로부터 급하고 강한 바람 같은 소리가 있어 저희 앉은 온 집에 가득하며 불의 혀 같이 갈라지는 것이 저희에게 보여 각 사람 위에 임하여 있더니 저희가 다 성령의 충만함을 받고 성령이 말하게 하심을 따라 다른 방언으로 말하기를 시작하니라"(행 2:1-4).

오순절이 강력하게 기름 부음이 임하니까, 열두 제자가 복음을 전하기 위해 동서남북으로 흩어졌습니다. 마태는 아프리카로, 도마는 인도로 갔습니다. 바울은 소아시아를 거쳐서 유럽으로 갔습니다. 그런데 아프리카와 인도로 간 복음을 소멸해 버렸습니다. 바울의 복음만 세계 곳곳으로 전해졌습니다. 아프리카로 간 마태의 복음은 현지 문화와 타협했습니다. "명절, 그것도 괜찮아. 그건 풍속이니까. 그것도 고유 풍속이니까. 그 나라의 고유 풍속인데 뭐 어때?" 이렇게 해서 그런 것을 인정하고 대충 현지 문화와 결혼을 했단 말입니다. 그래서 하나님이 그쪽으로 간 복음은 전부 다 소멸시켜 버린 겁니다. 바울의 복음은 타협하지 않았습니다. 그 당시에 로마의 가이사를 섬기는 것도 우상이었습니다. 살아있는 사람을 신격화시켰습니다. 바울은 용납하지 않았습니다. 정면으로 맞붙어 싸웠고, 순교를 많이 했습니다. 그때 하나님은 바울의 복음을 지원했습니다. 인도로 간 도마의 복음은 없어졌습니다. 지금 인도의 기독교는 바울의 복음이 다시 아프리카로 간 겁니다. 그러니까 원래 도마와 마태의 복음은 없어지고 말았습니다.

바울의 전한 복음은 전 지구촌을, 한동안은 전 세계를 덮었습니다. 아시아 쪽으로 빼고 말입니다. 거대한 로마가 복음 앞에 무너졌습니다. 그 이유가 오순절 때문입니다. 오순절 사건이 마가 다락방에 임했습니다. 이게 최초의 사건입니다. 그다음에 사마리아 도시로 갔습니다. 에베소 도시에 임했습니다. 고넬료 가정에도 임했습니다. 그리고 이 오순절의 역사가 소아시아를 한 바퀴 돌아서 로마에 임했습니다. 유럽 한 바퀴를 돌고 영국 갔다가 미국으로 갔다가 대한민국에 왔습니다. 그렇게 이 땅에도 복음이, 성령이 임했습니다. 우리가 오순절의 주인공이 됩시다.

오순절의 영은 선교의 영

오순절이 오는 이유를 들어봅시다. 오순절은 사람이 성령을 일대일로 체험하는 것입니다. 오순절은 앞에 지나간 명절인 유월절, 무교절, 초실절로 심어진 우리의 심령에 하나님의 성령이 부어져서 내 속에서 앞의 명절들을 확대하고, 내 속에 임한 이 사건을 다른 사람에게 옮기는 것입니다. 그래서 오순절의 성령은 선교의 영입니다. 주님이 오순절을 설명할 때, 선교에 초점을 두고 이야기합니다. 사도행전 1장 1-3절을 봅시다.

"데오빌로여 내가 먼저 쓴 글에는 무릇 예수의 행하시며 가르치시기를 시작하심부터 그의 택하신 사도들에게 성령으로 명하시고 승천하신 날까지의 일을 기록하였노라 해 받으신 후에 또한 저희에게 확실한 많은 증거로 친히 사심을 나타내사 사십일 동안 저희에게 보이시며 하나님나라의 일을 말씀하시니라"(행 1:1-3).

'데오빌로여 내가 먼저 쓴 글에는'에서 '먼저 쓴 글'이 뭡니까? 바로 누가복음입니다. 사도행전을 쓰신 분이 누가복음을 썼습니다. 누가복음은 예수님께서 요단강가에서 세례를 받으시고 성령이 와서 복음 선포를 한 이후에 성령으로 명하시고 승천하신 날까지 일을 기록했습니다. 해 받으신 후에는 '십자가에 해를 당하신 후에'라는 말입니다. 해를 받으신 후에 저희에게 확실한 많은 증거로 친히 사심을 나타내사 40일 동안 저희에게 보이시며 하나님나라의 일을 말씀하셨다는 것은 부활 후에 40일 동안 제자들을 가르쳤다는 말씀입니다. 그때 예수님이 제자들을 모아서 "너희는 지금까지 신앙생활 한 것이 유월절부터 초실절까지 했다. 그러나 몇 날이 못 되어 성령으로 세례를 받으리라" 하고 말씀하셨습니다. 몇 날이라고 하는 것이 기간이 정해지지 않았습니다. 나중에 알고 보니까, 이게 열흘이었습니다. 성령으로 세례를 받는다는 것이 오순절이 임한다는 말씀입니다.

"몇 날이 못 되어 앞으로 너희에게 한 사건이 일어난다. 오순절이 너희에게 임하리라. 오순절이 오기까지는 너희들이 하나님의 일을 하러 가지 마라. 가봤자 안 된다. 너희 속에 임한 '유월절, 무교절, 초실절,' 이것이 일단 너희 속에서 더 충만해져야 한다. 확대되어야 한다. 성령이 부어져서 그것이 충만해야, 그래야 하나님 일이 되어진다. 그래서 아버지의 약속하신 것을 기다리되 이 성령이 너에게 임하기까지는 예루살렘을 떠나지 말라. 출발하지 말라."

제자들이 예수님의 말씀을 붙잡았습니다. 감람산에서 오백 명이 부활한 예수님이 하나님 나라로 승천하여 작별식을 했습니다. 예수님이 승천하니까 구름이 딱 가리면서 예수님이 더 이상 보이지 않았습니다. 너무 아쉬워서 오백 명의 사람들이 눈을 못 떼고 계속 하늘을 쳐다보고 있는데, 천사들이 나타나서 옆구리를 치며 말했습니다. "갈릴리 사람들아, 어찌하여 하늘을 쳐다보고 있어? 예수님이 하늘로 가면서 뭐라고 말했어? 다음 명절을 기다리라 그랬지?" 그 명절이 바로 '오순절'입니다.

예수님의 약속을 딱 받고, 예수님의 제자들이 마가 요한 다락방을 빌렸습니다. 거기서 오순절 성령이 오도록 기다렸습니다. '몇 날이라 그랬으니까 몇 날 며칠 내로 오겠지' 해서 계속 기다리면서 베드로가 설교했습니다. 예수님의 부활 사건은 우연이 아니라 구약 성경에 예언된 대로 부활했다는 뜻이라고 설교했습니다. 그 다음에 예수님 제자 중에 자살해서 죽은 가롯 유다를 대신 해서 빈자리 하나를 채우는 일을 했습니다. 그리고 성령을 기다리며 기도했습니다.

예수님의 승천을 본 제자들은 500명이었습니다. 그들 중 많은 이들이 기다리다가 지쳤습니다. "왜, 성령이 온다고 하더니 오지도 않아." 이러면서 380명이나 집에 갔습니다. 그리고 120명이 딱 모여서 기도했습니다. 모여서 기도하던 이들은 불안과 초조와 공포와 위기에 사로잡혀 있었습니다. 부활하신 예수님을 경험했지만, 지금 예수님이 안 계시고, 뭔지 자세하게 모르지만 예수님께서 주시겠다고 한 성령은 열흘이 지났는데도 오지 않았습니다. 사람들이 바깥에도 무서워서 못 나갔습니다. 나가면 "저 사람도 예수 따라다니는 놈이야." 하면서 바리새인, 사두개인 그리고 헤롯 당원들이 노려보고 있었습니다.

120명의 마가 다락방 안에 있었던 사람들이 그냥 장난치고 있었던 게 아닙니다. 두렵고 겁나고 무서워서 그 안에 숨어 있었던 것입니다. 그때 제자들의 심정은 성령이 위로부터 안 오면, 우리는 다음 인생은 없다는 상황이었습니다. 예수님이 말씀하신 성령을 받지 못하면, 완전히 인생 망한 것입니다. 나가면 잡혀서 체포돼서 그 후로는 내 인생이고 뭐고 없어지는 것입니다. 이렇게 인생이 외통수에 걸린 상태에서 성령이 강력하게 왔습니다. '나는 성령세례, 성령 안 받고는 나 앞으로 인생 살 수 없겠다.' 요렇게 외길로 딱 막혀있는 상황에서 가치와 필요성에 대하여 이것을 붙잡을 수밖에 없는 이런 사람에게 성령이 옵니다. 열흘이 지난 후에 드디어 하늘 문이 열리며, 기독교가 지금까지 존재를 할 수 있었던 원천의 사건이 일어났습니다. 이 사건이 없었으면 오늘날 기독교는 없습니다. 여러분이 오늘 구원을 받을 수 있는 원천의 사건, 그 사건이 일어났습니다. 이것이 오순절입니다.

오순절 사건의 능력

이 오순절의 한 사건 때문에 기독교가 존재하게 된 것입니다. 이 오순절 사건 이후에 로마의 네로 황제라고 하는 강력한 인간이 나타났습니다. 네로 황제가 기독교인들을 그냥 핍박했습니다. 네로의 핍박을 피해 기독교인들이 땅속의 카타콤에 들어갔습니다. 카타콤은 기독교인들이 만든 게 아닙니다. 로마의 건설업자들이 모래를 구하려고, 살살 모래 꺼내기 위해서 땅속에 굴을 판 것입니다. 하나님은 그걸 통하여 이미 기독교인의 피난처를 만들어 놨습니다. 주님의 섭리 안에서 말입니다. 근데 로마의 건설업자들이 모래 꺼내려고 판 굴이 얼마나 깊이 팠는지 들어가면 못 나옵니다. 길을 잃어버려서 들어가면 못 나옵니다. 거기에 기독교인들이 1년 동안 지하에 숨어 있었습니다. 로마의 네로가 기독교를 없앨 수가 없었습니다.

그 이유는 오순절의 능력 때문입니다. 오순절을 한번 받아 놓으면 못 고칠 병에 걸립니다. 이 병의 마지막은 순교입니다. 오순절을 체험한 사람은 최후의 순간에 순교할지언정 주님을 부인하지 않습니다. 오순절이 오기 전의 신앙은 못 믿습니다. 요거는 분위기 좋을 때만, 그때만 잘 믿습니다. "성령 받아라. 할렐루야! 성령 받았어." 그러다가 "예수 믿을래, 안 믿을래?" 그러면 "나 처음부터 안 믿어요." "그래? 그러면 너 예수 사진 앞에 침 한 번 뱉어봐." 6.25 때 정말 그렇게 했습니다. 6.25 때 인민군들이 와서 교회 다니는 사람을 다 죽인 게 아닙니다. 그동안 교회를 다녔어도 괜찮습니다. 예수님 사진을 딱 놓고 "여기 침 뱉어봐." 하고 가래침을 뱉는 놈은 다 살려줬습니다. 안 뱉는 놈만 산속에 데려가서 다 처형했습니다. 인간의 힘으로는 사탄을 못 이깁니다. 오순절이 와야 이깁니다. 그래서 여러분, 오순절 성령을 받으라는 겁니다.

7대 명절의 특징이 있습니다. 앞에 명절이 없으면, 뒤에 명절은 안 옵니다. 유월절이 없는 사람에게 무교절이 안 옵니다. 유월절이 온 사람에게 무교절, 고난이 옵니다. 그래서 고난도 축복입니다. 무교절의 찌꺼기인 선악과를 토하여 내고 흠이 없이 티도 없이 되지 않으면, 초실절이 오지 않습니다. 40일 금식한다고 초실절이 올 줄 압니까? 안 옵니다. **"유월절, 무교절, 초실절."** 이 기초공사가 잘 돼야 오순절의 능력이 그 위에 덮습니다. 이거 없이는 오순절이 안 오는 겁니다. 여러분, 기초를 다집시다. **"유월절, 무교절, 초실절."**

오순절이 없어진 한국 교회

지금 우리나라 기독교의 신앙은 개판입니다. 교회 안에서 특별히 유월절은 그냥 그런대로 말이라도 합니다. 유월절, 예수님이 우리를 위해 십자가 죽었다고 말입니다. 그리고 무교절은 그냥 무교병 떡 찢어 먹는 거, 이것만 가르칩니다. 구약시대의 무교절만 가르칩니다. 무교절의 복음적 의미, 사도 바울이 말하는 무교절을 한국 교회에서 말하지 않습니다. 그래서 한국 교회의 비극이 온 겁니다.

기독교의 신앙과 구원의 출발은 유월절로부터 시작되지만, 사실은 진짜 신앙생활, 창조 이후로 하나님의 의도가 이루어진 것은 오순절 마가 다락방에서야 하나님이 원하는 교회가 이루어지는 것입니다. 오순절 날 그때부터, 정말 하나님이 설계하셨던 진짜 교회가 출발이 되는 겁니다. 그전의 교회는, 구약 교회는, 그건 시원찮았습니다. 그건 모형의 교회입니다. 예표의 교회이기 때문에 뭔가 시원찮았습니다. 우리도 마찬가지입니다. 오순절 전의 신앙은 뭔가 시원찮았습니다. 오순절 전의 신앙만 지닌 사람은 언제 교회를 그만둘지 자기도 모릅니다. 자기 자신도 책임을 못 집니다.

그러나 오순절이 오면, 이제는 내 의지가 아닙니다. 죽은 내 의지의 자리에 성령이 채우니까, 성령이 강권적으로 나를 끌어갑니다. 날 인도합니다. 오순절 전의 신앙과 오순절 후의 신앙은 보통 다른 게 아닙니다. 그 차이는 여러분의 생각하는 것보다 엄청납니다. 그럼에도 불구하고 오늘날 대한민국 교회가 오순절을 설명도 안 합니다. 오순절 강림 주일, 성령 강림 주일 행사만 하고 실제 오순절의 역사가 오지 않습니다. 실제로 오순절을 경험해야 합니다.

오순절은 옵니다. 그런데 오순절이 온 사람을 도리어 이단이라 그럽니다. 오순절이 온 사람의 숫자가 하도 적으니까 그렇게 말합니다. 한국 교회에 오순절이 없어졌습니다. 이게 복음이 명확하지 못해서 그런 겁니다. "오순절이여, 성령이여, 나를 피하여 가지 말고 세게 임하여 주세요."

승리하길 원하십니까? **"성령세례를 받으세요!"** 여러분, 성령세례가 우리의 삶에서 현실이 돼야 합니다. 성경을 보고 눈으로 아이쇼핑(eye-shopping)하면 안 됩니다. 눈으로 보고 그것을 즐기면 안 됩니다. 내가 실제로 성령세례를 체험해야 합니다. **"은사 받자! 방언 받자! 세게 받자!"** 아멘.

성령의 오순절이 최초로 일어난 후에 사마리아, 에베소, 고넬료 집 등 여러 곳에 임한 후에 유럽을 한 바퀴 돌 때도, 성령이 임할 때 밑바닥의 분위기는 항상 전쟁이 끝난 뒤입니다. 우리나라도 이 성령세례가 제일 세게 임할 때가 6.25 전쟁이 끝난 뒤입니다. 그때 사람들의 심령의 밭이 "야! 이거 외에는 살길이 없다"는 심정이었습니다. 미국에서도 이 성령의 오순절이 처음 시작한 곳이 흑인촌이었습니다. 전부 서민, 밑바닥 그런 데서 일어난 겁니다. 심령에 사모함이 있는 곳에 찾아옵니다. 오순절의 원리는 우리가 이렇게 주님을 사모해야 합니다. 오순절의 구경꾼이 되면 안 됩니다.

주님은 우리에게 오순절을 소개할 때, "내가 육신으로 있는 것보다 실제 더 낫다"라고 했습니다. 오순절의 가치가 시시한 게 아닙니다. 이 말도 성령을 받아봐야 압니다. 성령 받으면, 이 세상 그 무엇과도 바꿀 수 없다는 걸 압니다. 그 가치 속으로 들어가서 알게 된단 말입니다.

오순절의 키워드 '전심으로'

제자들이 바짝 고조돼 있다가 성령을 받았습니다. 성령세례 외에는 밖에 나갈 수도 없었습니다. 이거 아니면, 오순절 성령 안 받으면 우리는 이제 그 이후의 삶은 없는 상태였습니다. 사도행전 1장 14절 읽어봅시다.

"여자들과 예수의 모친 마리아와 예수의 아우들로 더불어 마음을 같이하여 전혀 기도에 힘쓰니라"(행 1:14).

"마음을 같이하여 전혀 기도에 힘쓰니라." '전혀 기도에 힘썼다'는 이 말은 우리 한국말 번역으로는 그때 그들의 심령의 상태가 어느 정도로 고조됐다는 것이 느낌이 안 옵니다. 이 말은 헬라어 원어에는 '프로스칼테룬테스'(προσκαρτεροῦντες)라고 돼 있습니다. 이 말은 **'전심으로'**라는 말입니다. 이 '전심으로'의 원래 성경 언어는 한국과는 조금 느낌이 다릅니다. 그때 써진 말에 의하면, '전심으로'는 이런 겁니다.

집에서 잠을 자고 있는데, 강도가 칼을 들고 들어왔습니다. 가장인 남자에게 칼을 들이대면서 "일어나"라고 말합니다. 그때 집 주인인 남자가 생각합니다. '죽었다. 짧은 세상 끝나는구나. 나도 죽고, 또 잠자는 우리 애들도 인생이 끝나는구나.' 그러면서 '야! 어차피 죽는 거'라면서 이판사판으로 덤빕니다. '내가 이기면 우리 가족 다 살아. 내가 지면 나와 가족이 다 죽어.' 이런 생각으로 강도하고 힘겨루기를 합니다. 이때 힘쓰는 양이 '전심으로'입니다. 목숨을 걸고, 젖 먹는 힘을 다하여, 내 인생 전체 힘을 다 퍼붓고 힘을 겨루는 게 바로 '전심으로'입니다. 야곱이 얍복강에서 천사와 함께 씨름했다는 것도 동일합니다. 그러니까 성령세례를 놓고 기도하는 것은 하나님과의 교제의 기도가 아닙니다. 성령세례를 놓고 기도할 때는 싸움의 기도입니다. 사느냐, 죽느냐의 문제입니다.

오순절의 키워드는 바로 이 **"전심으로"**입니다. '전심으로'라는 것이 오순절의 핵심 단어입니다. 전심으로 사모하고 기도할 때 오순절의 성령이 옵니다. 성령을 구하는 것도 목숨을 거는 겁니다. 오순절에 깊이 들어가기를 원하신다면 전심으로 사모합시다.

우리 하나님이 성령세례에 대해서 하신 말씀이 있습니다. 성령세례를 피동적으로 구하는 사람에 대해서 우리 주님이 하도 안타까워하셔서 하신 말씀이 누가복음 11장입니다. "너희 중에 누가 아들이 떡을 달라하면 돌을 주면서 '자 이게 떡이다. 먹어라.' 이럴 부모가 어디 있냐? 너희 중에 어느 부모가 아들이 '생선 먹고 싶어, 동태구이, 생선 먹고 싶어. 꽁치, 고등어. 생선 줘.' 하면 뱀을 잡아서 '요것이 꽁치다.' 하고 줄 부모가 있어, 없어? 그와 같이 하늘의 하나님이 사랑하는 자기 백성들에게, 구하는 자에게 성령을 주시지 않겠느냐?"(눅 11:11-13). 성령 구하는 자세에 대해서, 피동성에 대해서 주님이 책망한 겁니다. 그러니까 안심하고 구하라는 겁니다. 구하는 자에게는 성령을 부어주십니다. 성령세례는 연속입니다. "성령님, 부어주세요." 이렇게 자꾸 말을 해야 합니다.

오순절은 사모하는 자에게 옵니다. 오순절이 나에게 세게 올 때까지 사모해야 합니다. 무디, 스펄전, 토레이, 찰스 피니 같은 한 시대의 영적 대가들이 강하게 임하는 성령의 역사에 대해서 이렇게 이야기했습니다. 무디는 "주여, 그만 주세요. 내 숨이 멈출까 하나이다. 주여, 그만 주세요. 내가 숨이 끊어질까 하나이다." 사도 요한은 밧모섬에서 '내가 그 앞에 죽은 자같이 되어, 내가 성령에 감동되었더니'라고 했습니다. 요한계시록 1장에 '내가 하나님의 신에 감동되었더니, 내가 그 앞에 죽은 자같이 되어'라고 했습니다. 다니엘은 '내 뼈가 녹는 듯하나이다'라고 했습니다. 하나님의 신의 사람이 강하게 압도되면, 이 육이 감당을 못하여 녹는 것 같은 느낌을 받습니다.

이 기도는 성령이 처음 온 오순절에 마가 다락방뿐이 아니고 사도행전 전체 흐름에서 성도들이 그때 한 기도의 패턴이 성경에 쓰여 있습니다. 베드로가 복음을 전하다가 감옥에 갇혔습니다. 베드로의 교인들이 내일이면 베드로가 순교당한다는 걸 알고 철야기도를 시작했습니다. 베드로의 성도들이 오순절에 기도했던 마가 다락방 바로 거기서 기도했습니다. 베드로가 담임 목사입니다. 그때 오순절 교회에 담임목사 베드로를 위하여 성도들이 주님을 향하여 기도한 것입니다. **"주여, 주여"** 하고 기도하는데, 하나님이 천사를 보내서 감옥에 있는 베드로를 꺼냈습니다. 베드로가 자기 성도들이 기도하는 오순절 마가 다락방 교회로 왔습니다. 바깥에서 베드로가 문을 두드렸는데, 기도하는 성도들이 베드로가 문 두드리는 소리를 못 들었다고 그랬습니다. 못 들었다는 말은 '프로스칼테룬테스,' 목숨 걸고 이판사판 기도했다는 것입니다. 그 기도가 그때만 된 게 아니라 사도행전에 있는 모든 기도가 이 '프로스칼테룬테스', 이 전심으로의 기도의 흐름이 계속 갔다는 겁니다.

그러면 성령세례를 우리 한국 땅에 이론 말고 실제로 일대일로 성도들에게 임하게 한 사건은 어떻습니까? 오늘날 기독교인들은 성령 받기 위해서 '전심으로' 하지 않습니다. 성령세례를 마치 장난기로 구한단 말입니다. "주여, 주세요. 줘 봐요. 줘요. 안 줘도 괜찮아요. 그러면 내일 올게요." 이렇게 하면 마르고 닳도록 기도해도 성령세례가 안 옵니다. 죽을힘을 다해서 주님을 불러야 합니다. **"주여!" "주여!!" "주여!!!"**

제가 성령 운동을 오랫동안 해봤습니다. 집회도 하고, 목회자 집회도 했는데, 성령이 제일 세게 역사할 때가 성령 운동에 대해서 잘못된 사람들을 제가 강력하게 책망할 때, 그때 기름 부음이 제일 세게 임합니다. 요한복음 16장을 보면, 주님이 말씀했습니다. "보혜사 성령이 너희에게 오시면, 죄에 대하여, 의에 대하여, 심판에 대하여, 책망하리라"(요 16:8). 성령은 위로의 영만 되는 게 아닙니다. 성령은 책망의 영도됩니다.

사도시대 때는 자기가 부족하거나 자기한테 뭐가 좀 없으면 다른 사도에게 있는 은사를 함께 공유했습니다. 베드로후서에 보면, 베드로가 이렇게 말합니다. "내게 있는 은사 중에 없는 것이 더러 있다. 이것은 바울에게 있다. 그러니까 바울이 너희에게 쓴 편지를 자세히 돌아가면서 읽어라. 그리고 은혜를 받아라"(벧후 3:15-18). 베드로는 예수님의 수제자입니다. 그리고 예수님이 이 땅에 계실 때 직접 사도로 임명한 사람입니다. 그에 비하면, 바울은 새파란 후배입니다. 바울은 다메섹 도상에 가다가 자기가 스스로 사도가 된 사람입니다. 빛이 비치면서 음성이 들리기를 "오늘부터 너, 사도하라"는 겁니다. 옆에 있는 사람이 "빛이 어디 있어요?" "일로 와 봐. 여기 빛이 있어." "안 보이는데요?" 그러니까 바울이 자기 혼자만 빛을 보는 겁니다. 같이 가던 일행은 빛을 못 봤다고 그랬습니다. 바울만 보이는 겁니다. 바울만 보이는 빛 속에서 자기가 혼자 스스로 사도가 됐으니, 누가 그를 사도로 인정하겠습니까? 그런 이유 때문에 사도 바울이 죽고 난후 100년까지도 사도 바울의 사도성에 대해서 많은 교회가 의구심을 가졌습니다. '진짜 바울이 사도가 맞느냐?' 그러니까 베드로와 바울은 같이 설 수도 없는 선후배 차이가 있었습니다.

사도 바울은 자기의 사도권에 대해 늘 열등의식이 있습니다. 주님은 사도로 임명했는데, 사람들이 사도 바울을 안 알아준단 말입니다. 그래서 바울이 쓴 모든 편지는 이렇게 돼 있습니다. 편지 앞부분에 '예수 그리스도로 말미암아 사도 된 바울은' 하고 꼭 그 말을 넣었습니다. 자기를 사도로 인정하지 않을까봐 계속 그 말을 넣었습니다. 그리고 또 이렇게 말합니다. '사람으로 말미암아 된 것도 아니요, 내가 스스로 지원해서 된 것도 아니라 예수 그리스도로 말미암아 사도가 된 나 바울은.' 베드로는 '나 사도 된 베드로는' 이런 말 안 합니다. 베드로가 사도인 줄 모든 사람이 다 압니다. 이렇게 베드로와 바울이 차이가 있다는 말입니다. 그런 상태인데도, 베드로는 얼마나 겸손한지, 바울의 편지를 들으라고 하는 겁니다.

오순절에 대한 두 가지 반응

사도행전 2장 1-4절을 읽어봅시다.

"오순절 날이 이미 이르매 저희가 다 같이 한곳에 모였더니 홀연히 하늘로부터 급하고 강한 바람 같은 소리가 있어 저희 앉은 온 집에 가득하며 불의 혀 같이 갈라지는 것이 저희에게 모여 각 사람 위에 임하여 있더니 저희가 다 성령의 충만함을 받고 성령이 말하게 하심을 따라 다른 방언으로 말하기를 시작하니라"(행 2:1-4).

오순절 역사가 일어나니까, 그때 사람들이 막 몰려왔습니다. 약속을 한 번도 안 받은 사람도 몰려오고, 도망갔던 380명도 다시 왔습니다. 그리고 거기에 모인 사람들에게 두 가지의 반응이 생깁니다. 오순절을 핍박하고 조롱하고 씹는 사람들, 그리고 오순절을 부러워하는 사람들입니다.

사도행전 2장 12절을 보면, "다 놀라며 의혹하여 서로 가로되"라고 되어 있는데, 이건 부러워하는 사람들입니다. "와! 나도 이 자리에 있을걸. 오! 나는 왜 오순절 못 받았을까? 어유! 나 여기 있으려고 했는데 말이야. 내 옆에 있는 개 집사가 자꾸 가자고 해 가지고. 아유! 내가 그때 가지 말라 그랬잖아? 가지 말라고. 네가 자꾸 집에 가자고 해서, 집에 가는 바람에 우리는 못 받았잖아?" 이렇게 부러워하는 사람들, 아쉬워하는 사람들이 있었습니다. 이렇게 성령의 역사와 오순절을 부러워하는 사람은 머지않아서 자기도 받았습니다.

사도행전 2장 13절을 보면, "또 어떤 이들은 조롱하여 가로되 저희가 새 술이 취하였다 하더라"라고 되어 있습니다. 제자들에게 오순절이 임하자 이렇게 조롱하는 사람에게는 오순절이 영원히 안 옵니다. 오순절을 사모해야 합니다. **"주여, 사모합니다."**

베드로가 이 두 종류의 사람들이 몰려오는 걸 보고 양쪽 사람을 놓고 설교하기 시작합니다. "여러 부형들아, 오순절 사건이 여러분 앞에 펼쳐졌다. 그래서 뭐라 그랬어? 집구석에 내가 가지 말라 그랬지? 갔다 와서 말이야 별소리 다 하고 있어. 그래도 괜찮아. 너희들이 지금 먼저 오순절 첫 번째 사건, 120명이 성령 받은 걸 보고 부러워할 필요 없어. 너희들도 기도하면 와." 이게 베드로의 제안입니다. 저도 여러분에게 베드로가 똑같은 말을 하고 싶습니다. 여러분들도 사모하면 옵니다. 오늘날도 성령이 임합니다.

그리고 비판하고 조롱하는 사람들에 대해서 베드로가 "야, 씹지 마. 우리가 새 술에 취한 거 아니야. 이것은 구약에 이미 요엘 선지자가 예언한 것이 지금 이루어진 거야. 너희들도 씹을 일이 아니고, 오순절을 비판할 일이 아니라고." 오순절을 사모합시다.

사도행전 2장 37-38절을 봅시다.

"저희가 이 말을 듣고 마음에 찔려 베드로와 다른 사도들에게 물어 가로되 형제들아 우리가 어찌할꼬 하거늘 베드로가 가로되 너희가 회개하여 각각 예수 그리스도의 이름으로 세례를 받고 죄 사함을 얻으라 그리하면 성령을 선물로 받으리니"(행 2:37-38).

베드로가 양쪽에 두 가지 종류를 놓고 "부러워하는 사람, 조롱하는 사람, 잔소리 마. 떠들지 말고 잘 들어." 그랬더니 베드로의 말을 듣고 '저희가 이 말을 듣고 마음에 찔려 사도들에게 물어 가로되 형제들아 우리가 어떻게 하면 성령을 받을 수 있겠나? 우리가 어찌할꼬.' 했습니다. **"어찌할꼬."**

그랬더니 베드로가 성령 받는 법을 제안하기 시작했습니다.

"베드로가 가로되 너희가 회개하여 각각 예수 그리스도의 이름으로 세례를 받고 죄 사함을 얻으라 그리하면 성령을 선물로 받으리니"(38절).

39절을 봅시다.

"이 약속은 너희와 너희 자녀와 모든 먼데 사람 곧 주 우리 하나님이 얼마든지 부르시는 자들에게 하신 것이라 하고"(행 2:39).

여기서 '이 약속'은 오순절의 약속입니다. 사도행전 1장 4절에 하신 주님의 약속입니다.

"사도와 같이 모이사 저희에게 분부하여 가라사대 예루살렘을 떠나지 말고 내게 들은바 아버지의 약속하신 것을 기다리라"(행 1:4).

이 약속이 사도행전 2장 39절에서 이야기하는 '이 약속'입니다. 바로 오순절 약속입니다. 이 약속인 오순절은 첫째, **"너희와"** '그 다음에 너희의 자녀와 그다음에 먼 데 사람과 앞으로 주 하나님이 얼마든지 부르는 자에게 계속 체험할 수 있는 사건이다.' 이렇게 오순절을 열어놨습니다. 단회가 아닙니다. 그런데 어찌하여 한국 교회는 오순절이 없어졌다고 하는지 모르겠습니다. 신학교가 잘못된 겁니다. 신학교에서 이 오순절을 단회로 가르칩니다.

"오순절은 2000년 전에 한 번으로 지나간 거다." 대표적인 신학자인 아브라함 카이퍼는 "이 오순절은 교회가 처음 생길 때 하나님이 교회의 머리 위에 기름을 부으셨다. 그 후로는 저수지에다, 오순절 마가 다락방 때 온 성령을 저수지에 가둬났다가 하나님이 파이프로 요렇게 교회마다 2000년 동안 빼서 쓰도록 만들어났다"라고 말했습니다. 이건 아닙니다. 근데 아예 오순절이 없어졌다 하는 사람보다 더 나쁜 인간들이 있습니다. "오순절이 있기는 있는데, 별로 중요하지 않아." 그렇게 말합니다. 요건 더 나쁜 사람들입니다. "있기는 있는데, 별로 중요하지 않아." 아닙니다! 중요합니다! 아주 중요합니다!

그런데 우리나라 성도들은 처음 들은 말에 지배당하고 있습니다. 거짓말이라도 처음 들어 놓으면 뒤의 지식을 지배합니다. 괜히 아무것도 아닌데, 말의 위력이 그렇습니다. 우리 교회 오는 길에 전봇대가 하나 있는데, 누가 "어제 이 전봇대에서 누가 목매 죽었다"는 말을 들었다고 해봅시다. 그러면, 다음 날부터 오면서 거기를 꼭 쳐다봅니다. 거짓말인데도 그걸 꼭 의식하고 한 번 봅니다. 이렇게 사람이 한 번 들은 말은 뒤에 오는 지식을 지배합니다.

성령세례가 바로 그런 겁니다. 오순절이 그런 겁니다. 한국 교회 성도들이 오순절에서 왜 확 안 매달리는 줄 아십니까? 많은 목회자가 "그거 없어진 거야. 옛날 거야. 또 있다고 해도 별로 안 중요해." 이래 버리니까 그게 진짜인 줄 알고 오순절에 매달리지 않는 겁니다.

앞의 세 명절을 회복하는 오순절

오순절이 중요한 이유는 하늘의 능력이 덮이는 오순절이 오면, 앞에 지나간 세 개의 명절에 기름을 붓습니다. **"유월절, 무교절, 초실절."** 이것을 다시 성령이 회복을 시킵니다. 그래서 오순절이 온 뒤에 다시 유월절을 상고하면, 유월절의 깊이는 말할 수 없이 깊어집니다. 오순절이 온 뒤에 다시 유월절을 가보면, 주님의 피 흘림에 대하여 가슴에 확 젖어버립니다.

그럼 하나님께서 왜 오순절의 능력을 부어주십니까? 오순절이 오면, 앞에 지나간 명절 세 개를 다시 우리에게 일으켜 주십니다. 오순절 능력이 온 뒤에 다시 예수님 피를 생각해 보면, 내가 그때까지 알았던 피는 알지 못한 거였다고 말할 겁니다. 여러분, 자아가 다 파쇄됐다고 믿습니까? 오순절의 능력이 온 뒤에 자기를 다시 보면, '아, 내 자아가 아직도 안 죽었구나' 그걸 알게 됩니다.

그리고 오순절을 잘 받아야 뒤에 나팔절이 확실히 옵니다. 나팔절은 오순절 농사를 어떻게 지었는가에 대한 평가입니다. 요건 주님이 연결을 딱 시켜놨습니다. 세례 요한이 예수님에 대해서 말할 때 "나는 너에게 물로 세례를 주거니와 내 뒤에 오시는 이는 나보다 능력이 많으니 성령과 불로 오순절을 주리라"(마 3:11). 그렇게 해 놓고 바로 이어서 하는 말이 "그는 타작마당을 정하게 하사 손에 키를 들고"(12절)라고 했습니다. 이것이 바로 나팔절과 속죄절을 말하는 겁니다. 그러니까 뒤의 명절을 위해서라도 오순절은 받아야 하는 겁니다.

방언은 은사의 시작

방언에 대해서 '방언이 있기는 있는데, 별로 중요하지 않다'라고 말하는 사람이 있습니다. 천만의 말씀입니다. 아주 중요합니다. 고린도전서 13장을 보면, 방언이 조금 격하 돼 있습니다.

"내가 사람의 방언과 천사의 말을 할찌라도 사랑이 없으면 소리나는 구리와 울리는 꽹과리가 되고 내가 예언하는 능이 있어 모든 비밀과 모든 지식을 알고 또 산을 옮길 만한 모든 믿음이 있을찌라도 사랑이 없으면 내가 아무것도 아니요"(고전 13:1-2).

여기에 보면, 방언과 예언이 사랑의 은사 앞에 눌리는 것같이 이렇게 성경이 돼 있습니다. 근데 그게 아닙니다. 주로 이 방언과 은사와 성령세례를 등한시하는 사람들이 고린도전서 13장을 가지고 자기의 성령세례 못 받은 것을 합리화시키려고 합니다. 그러나 여러분이 분명히 알아야 할 것은 고린도전서 12장을 통과하지 않는 사람은 13장을 해석할 능력이 없습니다. 12장을 완전히 삼켜야 합니다. 고린도전서 12장은 은사 장입니다. 고린도전서 12장 1-10절을 읽어봅시다.

"형제들아 신령한 것에 대하여는 내가 너희의 알지 못하는 것을 원치 아니하노니 너희도 알거니와 너희가 이방인으로 있을 때에 말 못하는 우상에게로 끄는 그대로 끌려갔느니라 그러므로 내가 너희에게 알게 하노니 하나님의 영으로 말하는 자는 누구든지 예수를 저주할 자라 하지 않고 또 성령으로 아니하고는 누구든지 예수를 주시라 할 수 없느니라 은사는 여러 가지나 성령은 같고 직임은 여러 가지나 주는 같으며 또 역사는 여러 가지나 모든 것을 모든 사람 가운데서 역사하시는 하나님은 같으니 각 사람에게 성령의 나타남을 주심을 유익하게 하려 하심이라. 어떤 이에게는 성령으로 말미암아 지혜의 말씀을 어떤 이에게는 같은 성령을 따라 지식의 말씀을 다른 이에게는 같은 성령으로 믿음을 어떤 이에게는 한 성령으로 병 고치는 은사를 어떤 이에게는 능력 행함을 어떤 이에게는 예언함을 어떤 이에게는 영들 분별함을 다른 이에게는 각종 방언 말함을 어떤 이에게는 방언들 통역함을 주시나니"(고전 12:1-10).

여기에서 아홉 가지 은사를 이야기합니다. 여기에 방언의 은사가 제일 끝에 기록이 돼 있습니다. 지혜의 말씀을, 지식의 말씀을, 믿음을, 병 고치는 은사를, 이렇게 해서 제일 끝에 방언이 있습니다. "제일 끝에 있으니 이 방언의 은사는 꼴찌다. 그러니까 사랑의 은사를 받은 사람은 방언의 은사 필요 없다." 이렇게 목사님들이 가르치는데 이건 완전 거짓말입니다.

우선 은사가 임할 때 보면 지혜의 말씀, 지식의 말씀 쭉 내려오다 뒤에 방언의 은사가 끝에 있습니다. 은사의 정말 중요한 것은 지혜의 말씀의 은사가 중요합니다. 그건 사실입니다. 목사님이 받은 은사입니다. 저는 지혜의 말씀의 은사가 와 있습니다. 그래서 성경을 관통하는 것입니다.

그런데 중요해도 은사가 임할 때는 밑에서부터 임합니다. 방언으로부터 시작됩니다. 앞에 있는 방언의 과정을 안 거치고, 뭐 지혜의 말씀의 은사를 난 바로 받겠다? 그리고 사랑의 은사 바로 받겠다? 거짓말입니다. 그러니까 밑에 있는 은사가 먼저 옵니다. 받을 때는 방언부터 터집니다.

그러니까 고린도전서 12장의 은사가 없는 사람은 13장의 사랑의 은사로 못 갑니다. 사랑의 은사는 접근도 못 하는 겁니다. "근데 목사님, 어떤 사람은 방언도 못 하고, 뭐 예언도 못 하고, 12장의 은사 하나도 없어도, 어떤 권사님은 사랑이 너무 많은데요?" 그것은 혼적 사랑입니다. 성령으로 깨어지는 사랑이 아니고 성품으로부터 나오는 사랑도 있습니다.

고린도전서 14장 5절을 봅시다.

"나는 너희가 다 방언 말하기를 원하나 특별히 예언하기를 원하나"(고전 14:5).

만약에 13장이 "이제 사랑의 은사를 받은 사람은 방언이 필요 없다"라고 된다면, 14장에 이 말이 필요가 없는 겁니다. 만약에 14장의 이 말씀이 12장, 13장 전에 기록됐다면 방언 싫어하는 분들의 말이 일리가 있다고 할 수 있지만, 이것이 13장 뒤 14장에 있습니다. 사도 바울이 14장을 기록할 때 바울에게는 사랑의 은사가 있었을까요? 없었을까요? 있었습니다. 이미 13장은 바울이 통과하고 가는 겁니다. 사도 바울은 은사의 도사입니다. 예수님 다음에 최고로 간 사람입니다. 그럼 사도 바울이 고린도전서 14장 5절을 기록할 때 사도 바울에게는 지혜의 말씀이 있을까요? 없을까요? 다른 은사도 이미 다 있었을 겁니다. 다 있는 상태에서도 바울이 14장에서 방언을 강조하는 것은 이 방언이 다른 은사를 끌고 나오기 때문입니다. 방언을 많이 해야 다른 은사가 끌려 나옵니다. 그래서 '나는 너희가 다 방언 말하기를 원한다'고 한 겁니다.

그리고 14장 39절을 봅시다.

"그런즉 내 형제들아 예언하기를 사모하며 방언 말하기를 금하지 말라"(고전 14:39).

만약에 13장에 있는 '사랑의 은사가 다다. 그리고 일만 마디 방언하는 것보다 사랑이 최고다'라는 이 말이 문자 그대로라면 뒤에 14장 39절은 기록될 수 없는 겁니다. 그런데, '내 형제들아 예언하기를 사모하며 방언 말하기를 금하지 말라'고 합니다. 한국 교회에서 방언을 금하는 곳이 있습니다. 그런데 그거보다 더 나쁜 건 아주 교활하게 "방언이 있기는 있는데, 별로 중요하지는 않아. 방언보다 더 큰 은사 받는 게 좋아"라고 말합니다. 천만에 만만에!

방언을 해야 다른 은사를 끌고 나옵니다.

많은 목사님이 저한테 개인 상담하자고 합니다. "목사님한테 있는 능력이 어떻게 하면 옵니까?" 이렇게 물어봅니다. 그러면, 제가 딱 한 마디만 합니다. "내 이를 보세요. 자, 내 이를 보세요. 제 이가 뻐드러졌잖아요. 원래 제가 중고등학교 다닐 때는 이가요, 이게 안 뻐드러졌어요. 내 이는 정확하게 밑으로, 안으로 났어요. 그런데 하도 방언을 많이 해서 방언하다가 내 이가, 혀가 내 이를 쳐서 이가 이렇게 밀려났어요. 능력 받기 원하면 이가 뻐드러지도록 방언해 봐요. 하늘의 은사가 와요."

방언에 죄를 짓는 사람은 은사가 없이 안 됩니다. 방언한 날부터 시작입니다. 방언을 받으면 그때부터 끝나는 게 아니고 방언은 계속해야 합니다. 그러면 점점 능력이 더 큽니다. 방언을 받읍시다. 그래서 제가 지금도 엄청나게 방언합니다. 힘이 떨어지고 피곤하면 무조건 방언합니다. 이불 속에 들어가서 방언합니다. 방언하면 영이 상쾌해집니다. 제가 옛날에 기도하러 다니고 산에 기도하러 다니면 저녁에 누워서 이렇게 잠자면서도 방언했단 말입니다. 잠자면서도 방언하니까 옆에 있는 할아버지들하고 어른 목사님들한테 제가 얼마나 쫓겨났는지 모릅니다. "야! 듣기도 싫어. 시끄러워. 바깥에 나가서 해. 바깥에 나가서." 방언하다가 수없이 쫓겨나고 복잡한 시내버스 타고 다니면서도 계속 방언했습니다. 방언하다 보면 옆의 사람이 그랬습니다. "이렇게 더운 날도 춥습니까?" 제가 입을 떠니까, 따따따 하니까 추워서 떠는지 알고 그렇게 말한 겁니다. 밥 먹다가 무의식 중에 있다가도 방언이 탁 튀어나올 때가 있습니다. 그냥 방언이 탁 튀어나올 때는 내 앞에 나도 알지 못한 큰 시험이 와 있습니다. 그걸 나는 모르는 겁니다. 이게 방언이 미리 하는 겁니다.

고린도전서 14장 5절, 39절, 18절이 중요합니다. 이 세 성경 구절을 외우고 있어야 합니다. 그래야 이 성령세례와 오순절에 대해서 밀고 나갈 수 있는 겁니다. 고린도전서 14장 18절을 봅시다.

"내가 너희 모든 사람보다 방언을 더 말하므로 하나님께 감사하노라"(고전 14:18).

어디서든지 터지는 오순절 사건

성경에 보면, 오순절은 첫 번째로 교회에서 나타났습니다. 바로 마가 다락방이라는 교회에서 오순절 사건이 터졌습니다. 이 오순절 사건이 고넬료 가정으로 갔습니다. 오늘날 가정예배에서도 오순절이 일어나야 합니다. 길거리에서도 오순절이 일어났습니다. 길거리에서도 성령이 부어지는 겁니다. 사도행전 4장 27-31절을 봅시다.

"과연 헤롯과 본디오 빌라도는 이방인과 이스라엘 백성과 합동하여 하나님의 기름 부으신 거룩한 종 예수를 거스려 하나님의 권능과 뜻대

로 이루려고 예정하신 그것을 행하려고 이 성에 모였나이다 주여 이제
도 저희의 위협함을 하감 하옵시고 또 종들로 하여금 담대히 하나님의
말씀을 전하게 하여 주옵시며 손을 내밀어 병을 낫게 하옵시고 표적과
기사가 거룩한 종 예수의 이름으로 이루어지게 하옵소서 하더라 빌기
를 다하매 모인 곳이 진동하더니 무리가 다 성령이 충만하여 담대히
하나님의 말씀을 전하니라"(행 4:27-31).

"빌기를 다하매 모인 곳이 진동하더니 성령이 강타하였더라."
이런 일이 우리 교회에서도, 가정에서도 길거리에서도 일어나야
합니다. 오순절이 강하게 임하면 어떤 일이 일어납니까? 30절을
봅시다.

"손을 내밀어 병을 낫게 하옵시고 표적과 기사가 거룩한 종 예수의
이름으로 이루어지게 하옵소서 하더라"(30절).

오순절 역사가 일어나는 곳에는 항상 표적과 기사가 따라다닙
니다. 이것도 성경에서만 그런 게 아닙니다. 오늘 우리에게도 표
적과 기사가 수도 없이 일어납니다.

그리고 오순절이 임하면, 천사들이 내려와서 도와줍니다. 천사
의 활동이 성경에만 있는 게 아닙니다. 우리가 몰라서 그렇지, 오
늘날에도 수없이 일어납니다. 저는 40년 동안 주님을 섬기면서
천사를 만난 사건이 세 번 있었습니다. 제가 이 거대한 하나님의
사역을 하면서 천사의 도움이 없이 어떻게 제가 일을 할 수 있었

겠습니까? 불가능합니다. 이제 나는 죽었다 하는 위기 때마다 하늘의 천군 천사가 나타나 밀어줬습니다. 천사의 도움은 어떤 제한성이 없습니다. 아브라함 집에 찾아온 천사는 사람으로 가장하여 떡도 우리에게 주고, 어려운 위기를 돌파하기도 하고, 전쟁터에서 전쟁에 개입하기도 합니다. 다니엘서에 보면, 이 천사들의 활동이 수도 없습니다. 사도행전에 보니까 천사가 내려와서 갇힌 사도들을 감옥에서 꺼냈다고 그랬습니다.

"사도들을 잡아다가 옥에 가두었더니 주의 사자가 밤에 옥문을 열고 끌어내어 가로되"(행 5:18-19).

사도들을 잡아다가 옥에 다 가뒀습니다. 그런데 밤중에 천사가 내려와서 옥문을 깨버리고, 사도들 보고 "나가라"라고 합니다. 여러분과 저도 무형의 옥에 갇힌 것이 많습니다. **물질의 감옥, 질병의 감옥, 환경의 감옥.** 여러 가지 형태로 우리가 욱여쌈을 당하고 있단 말입니다. 천사가 내려오면 한 방에 깨버립니다. 오순절은 항상 기적과 표적이 따라옵니다!

그러면 왜 오순절이 기적과 표적이 따라다니는가? 왜 천사가 사도들이 갇힌 감옥에 내려왔느냐? 그 당시에도 감옥이 많았고, 감옥에 갇힌 사람들도 많았습니다. 그런데 다른 감옥은 안 찾아가고 천사들이 왜 사도들이 갇힌 감옥에 찾아왔는가? 왜 사도들의 감옥을 깼는가?

사도행전 5장 20절을 읽어봅시다.

"가서 성전에 서서 이 생명의 말씀을 다 백성에게 말하라 하매"(행 5:20).

"전하라." 복음인 7대 명절을 전하라는 겁니다. 너희들은 갇혀 있을 수 없다는 겁니다. 오순절로 하나님이 지원해 주고 기적과 표적으로 우리를 밀어주시는 것은 생명의 말씀 때문입니다. 백성에게 생명의 말씀을 전하라고 말입니다. 그러면 이 말씀을 여러분에게 적용시켜 봅시다. 여러분에게 표적과 기사가 적게 일어납니까? 안 일어나는 사람도 있습니까? 이 말씀을 전하는 쪽으로 마음을 품지 않기 때문에 그렇습니다. "나 혼자 구원받으면 됐지뭐. 다른 인간들 지옥 가든 말든 뭐." 이런 사람에게는 기적이 안일어납니다. 복음인 7대 명절을 듣고 이 말씀이 심령에 들어있는사람은 이걸 전하지 않고는 견딜 수 없습니다. 이 사람에게 하나님이 하늘의 영권으로 밀어주십니다. "시작만 하면" 하나님께서 밀어주십니다.

오순절과 언어의 관계

하나님이 천지를 창조하여 에덴동산부터 시작할 때 사람에게 말이 생겼습니다. 이게 바벨탑을 쌓으면서 흩어지게 됩니다. 하나님이 물로 세상을 심판한 걸 보고 '다시 하나님이 물로 심판을 해도 우리는 안 죽으리라'는 생각으로 바벨탑을 쌓는데, '하늘에 닿도록 쌓아보자'는 게 말이 됩니까? 하나님이 인간의 어리석음을 보시고 인간의 언어를 혼잡하게 하셨습니다. 그때부터 인간의 언어가 저주받은 언어로 바뀐 겁니다. 언어에 변화가 일어났단 말입니다. 그러니까 말을 해도 말이 안 통합니다.

그런데 사도행전 2장 1절에 보면, 처음 성령이 와서 사람의 지체 중에서 사람의 혀를 틀어쥐기 시작했습니다. 겉으로 나타나지도 않고 인간의 입속에 숨어있는, 가장 부드럽고 가장 연약하고 숨어있는 혀를 틀어쥐기 시작한 겁니다. 바로 방언이 일어나면서 새로운 언어가 시작됐습니다. 이게 오순절 언어란 말입니다. 하나님이 인간이 바벨탑을 쌓는 걸 보고 사람의 언어를 비틀어놓은 것처럼 사람을 회복시킬 때도 하나님이 인간의 언어 회복이 먼저 이루어주신 겁니다.

성령의 역사가 강하게 일어난 사도행전 2장 1절 이후로부터는 언어의 변화가 있습니다. 하나님의 '성령'이 동사 앞에 붙습니다. 그전에는 없었습니다. 4복음서에도 없었습니다. 그런데 오순절 이후에 모든 하나님의 사역을 가리키는 동사 앞에 성령이 붙습니다. 무슨 일이든지 '성령으로' 하라는 겁니다.

우리가 말할 때도 성령으로 말해야 합니다. 사도행전 6장 10절에 보면, "스데반이 지혜와 성령으로 말함을 저희가 능히 당치 못하여"라고 되어 있습니다. 말을 해도 성령으로 하는 말이 따로 있습니다. 여러분과 저도 오순절의 능력을 받으면 성령으로 말할 수 있습니다.

많은 분들이 제가 설교할 때 제 앞에 앉았다가 이런 고백을 합니다. 저를 보고, '무슨 저런 놈이 다 있어? 배는 불룩 튀어나와서 8개월 돼서, 건방지게 손은 왜 걷어? 논매러 가는 것처럼 말이야. 말하는 것도 막말하고 말이야.' 거부 반응이 일어나는데, 뭔 생각을 못하겠다는 겁니다. 마음에 뭔 생각을 해서 반론을 펴려고 생각하면 꼭 내 입에서 딱 나가 버린다는 겁니다. "지금 여기에 요런 생각하는 사람 있지?" 이렇게 말입니다. 그래서 꼼짝을 못 하겠다고 합니다. 성령으로 말하니까 그런 겁니다. 여러분, 성령의 은혜를 세게 사모합시다. **"간절히"** 사모합시다.

모세는 시내산에 올라가서 십계명과 성막을 짓는 것을 받아왔습니다. 성막을 본 사람은 모세 하나밖에 없었습니다. 모세가 내려온 뒤에 성막을 지으려고 나뭇가지를 꺾어서 땅에다 그려가면서 "얘들아, 이리로 모여. 내가 시내산에 올라가서 하나님이 성막을 이렇게 지으라 했거든?" 하고 이야기합니다. 옆에 있는 사람들이 못 알아듣습니다. 모세가 본 걸 다른 사람이 어떻게 알아듣겠습니까? "기둥은 이렇게 생겼거든? 이렇게 돼 있어. 그리고 위에 물개 가죽을 이렇게 덮게 돼 있어." 그러니까 옆에 듣는 사람이 "자세히 좀 설명해 봐요." "아이참, 이 인간들이 말이야 돌대가리 같이 생겨서는. 잘 들어! 다시 봐요. 크기는 이렇게 생겼거든? 기둥은 이렇게 생겼거든? 여기 고리는 이렇게 생겼거든? 치마는 이렇게 둘렀거든?" 또 옆에 사람이 "색깔은 뭐예요?" "가만히 있어 봐. 좀." 말이 안 통하니까 모세가 "안 되겠다. 도저히 안 돼." 설명이 안 됩니다. 그래서 브살렐과 오홀리압을 딱 불러내서 그들에게 안수하니까 하나님의 신이 그들 속에 들어갔습니다. 성령을 딱 받고 나니까 공명이 일어나는 겁니다. 모세가 뭔 말을 하면 "이거 천막이 이렇게 생겼거든?" 그러면 이 속에서부터 모세가 시내산에서 본 것이 이 마음속에 느낌으로 "오, 혹시 이렇게 안 생겼어요?" "맞아, 맞아. 너 어떻게 알았어?" "말하는데 내 속에 딱 이럴 거 같은 생각이 딱 들어요." 이게 성령의 역사입니다.

그러니까 교회 다니는 성도들은 다 오순절 언어로 통일해야 합니다. '성령으로' 말해야 합니다. 성령이 말에 묻어 나올 수 있도록, 성령이 말에 입혀 나올 수 있도록 해야 합니다.

"하나님, 내게 오순절의 능력을 주시옵소서. 저도 몰랐을 때는 편안히 살았지만, 알고 난 이상 나는 편안히 살 수 없어요. 나는 오순절의 능력으로 가야 해요. 받아야 해요. 하늘 문을 열어 주세요. 아버지! 이 시대적 은사를 주시옵소서. 사도행전 2장에 있었 던 오순절 사건 이후에 가장 큰 은사를 부어주세요. 가장 큰 능력 을 더해주세요. 주 예수님! 부어주시옵소서. 내 영이 사모하고 있 습니다. 간절히 사모하고 있습니다. 애타도록 기다리고 있습니 다. 은사 위에 은사를 주세요. 능력 위에 능력을 주세요. 아버지 하나님! 성령의 세례를 강타하여 주세요. 시대적 은사를 부어주 세요. 예수님 이름으로 기도하옵나이다. 아멘."

06
/
나팔절

마태복음 24:29-31

²⁹그날 환난 후에 즉시 해가 어두워지며 달이 빛을 내지 아니하며 별들이 하늘에서 떨어지며 하늘의 권능들이 흔들리리라 ³⁰그때에 인자의 징조가 하늘에서 보이겠고 그때에 땅의 모든 족속들이 통곡하며 그들이 인자가 구름을 타고 능력과 큰 영광으로 오는 것을 보리라 ³¹저가 큰 나팔 소리와 함께 천사들을 보내리니 저희가 그 택하신 자들을 하늘 이 끝에서 저 끝까지 사방에서 모으리라

"유월절, 무교절, 초실절, 오순절, 나팔절, 속죄절, 장막절." 7대 명절은 일곱 가지 사건으로 나타납니다. "이렇게 죽으리라. 무덤에 있으리라. 부활하시리라. 성령을 주시리라. 재림하시리라. 알곡과 쭉정이를 가리시리라. 천년왕국을 주시리라."

우리가 유월절, 무교절, 초실절, 오순절을 지나서 나팔절까지 왔습니다. 나팔절은 그리스도가 이 세상에 재림하신다는 겁니다. 예수님이 이 땅에 다시 돌아오신다는 겁니다. 예수님이 이 땅에 사람으로 오셔서 십자가에 죽으시고, 3일 동안 무덤에 계셨습니다. 그리고 부활하신 후 하늘나라로 승천하신 다음에 오순절에 성령을 주셨습니다. 그리고 다시 하늘나라로 승천하신 예수님이 이 땅에 또 돌아오신다는 겁니다.

구약시대에 예수님이 다시 돌아옴에 대한 모형을 나팔절로 그려냈습니다. 양의 뿔을 빼면, 가운데가 텅 비어 있습니다. 이걸 양각이라고 하는데, 거기에 기름을 채워서 담는 그릇으로 사용했습니다. 도자기 이런 것이 귀하니까, 그냥 양의 뿔에 기름을 담아서 사용했습니다. 그리고 양각으로 나팔을 만드는데, 큰 양의 뿔은 1미터가 넘는 것도 있습니다. 양의 뿔을 뒤에서 자르고 거기에 심지를 박아서 불면 그게 나팔이 되는 겁니다. 그걸 양각 나팔이라고 합니다. 목동들이 메고 다니면서 양을 칠 때 양들을 몰고 갈 때 양들에게 소리를 들려주려고 '뿌우' 하고 부는 게 양각 나팔입니다. 그리고 이 양각 나팔은 전쟁이 일어날 때 씁니다. 지금 우리가 민방위 훈련할 때 전국에서 '적기가 오니까 빨리 피하라'면서 경고 사이렌이 울리는 것처럼 전쟁이 나면 전국에 나팔을 불어서 백성들에게 전쟁 난 것을 알리려고 양각 나팔을 쓰는 겁니다. 또 언제 쓰이느냐? 나팔절에 이스라엘 백성들에게 성회에 참여하라고 전국에 나팔을 불었습니다. 근데 이것이 그리스도 예수님의 다시 오심에 대한, 예수님의 재림에 대한 모형으로 나타났습니다. 예수님은 이 땅에 재림하십니다.

오순절이 분명치 않으면
나팔절, 속죄절, 장막절을 믿지 못한다

7대 명절을 보면, 모든 명절이 서로 하나씩 고리를 걸고 넘어가기 때문에 앞의 명절이 확실치 않은 사람은 뒤의 명절이 오지 않습니다. 유월절이 없는 사람에게 무교절이 없습니다. 이런 사람들에게는 무교절을 말해도 이해하지 못 합니다. 무교절 없는 사람에게 초실절이 이해되겠습니까? 불가능합니다. 초실절 없는 사람에게 성령이 강타하겠습니까? 그렇지 않습니다. 그와 마찬가지로 나팔절을 알려면 오순절의 성령이 강하게 임해야 합니다. 본정신으로는, 사람의 이성으로는 받아들일 수 없는 경지가 바로 나팔절입니다. 뒤에 있는 속죄절, 장막절까지 오순절 뒤에 있는 이 세 명절은 인간의 본정신으로는 받아들일 수 없습니다. 이게 이성의 분야가 아닙니다. 목사님 중에서도 세상이 타락해서 예수님의 재림을 의심하는 사람이 있습니다. '상식적으로 생각해 보니까 어떻게 예수님이 다시 이 땅에 오시겠냐?' 이겁니다.

상식적으로 불가능하다고 이야기하는데, 상식적이란 말이 성경에 통하는 데가 있습니까? 만약에 성경을 상식으로 본다면, 천지창조가 이해가 됩니까? 어떻게 이 세상에 아무것도 없는 것이 하나님 말씀 한마디로 천지창조가 이루어집니까? 모세가 홍해를 건는 것이 상식적으로 이해가 됩니까? 성경에는 상식이 하나도 통하지 않습니다.

7대 명절은 이성의 폭이 아닙니다. 사람의 이성의 영역이 아닙니다. 사람의 머리로는 이해하지 못합니다. 그래서 이성적으로 생각하면 못 받아들입니다. 이것은 영의 문제입니다. 그래서 성령세례가 임해야 합니다. 성령이 강력하게 임해야 오순절 이후에 오는 절기에 대해서 받아들일 수 있습니다. 사람의 능력으로는 이걸 받아들일 수 없습니다. 성령님의 도움이 있어야 합니다. 그래서 우리는 성령의 세례, 오순절을 계속 확대해 나가야 합니다.

7대 명절이 정말 이루어진 사람은 성경에 나오는 사도행전을 이 땅에 현실화시킬 수 있습니다. 한 번 해봅시다. 복음인 7대 명절은 비밀입니다. 이 비밀을 안 사람이 다른 사람에게 전하지 않으면, 그 사람은 절대 모릅니다. 복음을 모르면, 어떻게 됩니까? 바로 지옥 불로 직행열차를 타고 들어갑니다. 그 사람에게 복음을, 7대 명절을 전하지 않으면 바로 지옥 불로 직행합니다. 사도행전 시대에 성령을 받은 사람들은 이러한 절박한 마음으로 복음을 전했습니다. 우리도 그렇게 합시다. 성령세례를 받고, 옆 사람에게 복음을 전해서 성령을 받게 합시다.

비밀의 뜻을 아는 것이 복음인데, 우리는 어떻게 이 복음을 알고 있습니까? 하나님이 이 복음을 누군가를 통해서 나부터 먼저 알려주셨습니다. 감사한 일입니다. 지금 예수님을 모르는 사람보다 나부터 알게 됐잖습니까? 그러면, 이 복음을 먼저 알게 된 우리는 책임감을 가져야 합니다. 어떤 책임감일까요? 맞습니다. 복음을 모르는 사람에게 비밀을 알려줘야 합니다. 나만 살았으니까 됐다는 심보를 가지면 안 됩니다.

이러니까 하나님이 구원받은 성도를 축복할 수가 없습니다. 먼저 복음을 안 사람들은 아직도 복음을 받아들이지 못한 사람에게 지옥 불에서 탈출할 수 있도록 생명줄을 던져야 합니다. 여러분과 제가 구원받은 줄을 다음 사람에게 돌려주지 않고 "주여, 축복 주세요. 하나님, 우리 사업을 일으켜 주시고요?" 그러면 하나님께서 잘했다고 축복을 주시겠습니까? 아닙니다. 지옥 불에서 건져내면 그다음에 그 사람에 대해서는 하나님이 축복한단 말입니다. 하나님은 복음인 7대 명절이 계속 전해지는 걸 원하십니다. 그것을 행하는 사람에게는 하나님의 축복이 임합니다.

그러니까 복음을 전하지 않는 사람은 그 자체가 범죄 행위가 되는 겁니다. 내가 지옥 불에서 나온 구원의 밧줄, 복음의 밧줄을 다음 사람에게 돌려주는 것은 모든 문제 해결의 근원이 됩니다. 돈 벌기를 원하십니까? 복음을 전합시다. 자녀가 잘되길 원하십니까? 복음을 전합시다. 건강하기를 원하십니까? 복음을 전합시다. 우리 이렇게 결단합시다. 복음을 전하는 자가 됩시다.

이모님의 헌신

1969년도에, 시골에서 중학교 때 하도 공부를 못 하니까, 어머니가 저를 서울에 있는 이모 집으로 유학을 보냈습니다. 그때 이모님이 교회에 가자고 했습니다. 싫다고 하니까, 시골로 내려가라고 했습니다. 아주 강하게 저를 단련시켰습니다. 시골로 갈 수 없었던 저는 할 수 없이 교회를 따라다녔는데, 미치는 줄 알았습니다. 교회에 너무 가기 싫었습니다. 그래도 집에서 안 쫓겨나려고 교회에 갔습니다. 그렇게 가짜로 교회를 다닌 게 석 달이었습니다. 예배실 뒤에 앉아 있다가 목사님이 시작하기 전에 자버렸습니다. 그리고 목사님이 축도하면 눈을 떴습니다.

그렇게 교회를 3개월 다녔는데, 하루는 우리 이모님이 부흥회를 가자고 그랬습니다. 안 간다고 했더니 작대기를 들고 "이 자식이 말이야, 말을 안 들어"하면서 교회로 끌고 갔습니다. 이모님은 저의 생명의 은인입니다. 은혜를 받으려면 이렇게 옆에 도우미가 있어야 합니다. 신성교회라고 무학여고 뒤에 있는 교회였습니다. 그곳에 갔는데, 무슨 말을 하는지 전혀 못 알아들었습니다. 그리고 분위기가 박수를 치고 여자들이 머리를 흔들며 기도하는데 방언을 했습니다. 그때는 그게 방언인 줄 몰랐습니다. 그런 모습이 내 눈에 들어오는데, 진짜 정신병원에 와 있는 것 같았습니다. 참다 참다 못 참아서 중간에 집에 와버렸습니다. 거기 있다가 정말 제정신이 나갈 것 같았습니다. 그랬더니, 이모님이 작대기 들고 "이 자식 말이야!" 하고 저를 둘째 날 낮 예배에 데리고 갔습니다.

그날 그 예배에서 저는 성령의 폭탄을 받았습니다. 저도 한 번에 성공한 게 아닙니다. 성령세례를 받으니까 알았습니다. 그러니까 성령세례를 받아야 합니다.

교회에 다니지만 성령세례를 받지 않으면, 신앙이 인위적으로 만들어집니다. 그런 상태에서 집사가 되고, 권사가 되고, 장로가 되고, 목회자가 되면 골치 아픈 성도가 됩니다. 그래서 교회에 다니면 성령세례를 받아야 합니다.

천사들의 나팔 소리와 함께 오시는 예수님

마태복음 24장 29-31절을 봅시다.

"그날 환난 후에 즉시 해가 어두워지며 달이 빛을 내지 아니하며 별들이 하늘에서 떨어지며 하늘의 권능들이 흔들리리라 그때에 인자의 징조가 하늘에서 보이겠고 그때에 땅의 모든 족속들이 통곡하며 그들이 인자가 구름을 타고 능력과 큰 영광으로 오는 것을 보리라 저가 큰 나팔 소리와 함께 천사들을 보내리니 저희가 그 택하신 자들을 하늘 이 끝에서 저 끝까지 사방에서 모으리라"(마 24:29-31).

예수님이 이 땅에 재림할 때 큰 나팔 소리가 울립니다. 천사들의 나팔이 불어진다는 겁니다. 고린도전서 15장 51-53절에도 기록되어 있습니다.

"보라 내가 너희에게 비밀을 말하노니 우리가 다 잠잘 것이 아니요 마지막 나팔에 순식간에 홀연히 다 변화하리니 나팔 소리가 나매 죽은 자들이 썩지 아니할 것으로 다시 살고 우리도 변화하리라 이 썩을 것이 불가불 썩지 아니할 것을 입겠고 이 죽을 것이 죽지 아니함을 입으리로다"(고전 15:51-53).

비밀을 이야기하는데, 그것은 바로 주님이 재림하실 때 천사들이 나팔을 분다는 것입니다. 요한계시록 8장 1-3절을 봅시다. 여기에도 예수님이 어떻게 재림하시는지 자세히 기록되어 있습니다.

"일곱째 인을 떼실 때에 하늘이 반시 동안쯤 고요하더니 내가 보매 하나님 앞에 시위한 일곱 천사가 있어 일곱 나팔을 받았더라 또 다른 천사가 와서 재단 곁에 서서 금향로를 가지고…"(계 8:1-3).

요한계시록 8장 7절에 '첫째 천사가 나팔을 부니 우박과 불이 나서 땅에 쏟아지매,' 8절에는 '둘째 천사가 나팔을 부니 불붙는 큰 산과 같은 것이,' 10절에는 '셋째 천사가 나팔을 부니 횃불과 같이 타는 큰 별이 하늘에서 떨어져 강들의 삼분의 일과 여러 물 샘에 떨어지니,' 12절에는 '넷째 천사가 나팔을 부니 해 삼분의 일과 달 삼분의 일과 별들의 삼분의 일이 침을 받아.' 그리고 요한계시록 9장 1절에 '다섯째 천사가 나팔을 불매 내가 보니 하늘에서 땅에 떨어진 별 하나가 있는데.' 13절에 '여섯째 천사가 나팔을 불매 내가 들으니 하나님 앞 금단 네 뿔에서 한 음성이 나서.' 이렇게 예수님이 재림하실 때 천사들의 나팔 소리가 불릴 것이라고 말씀합니다. 예수님이 이 땅에 다시 오심과 천사들의 나팔 소리는 아주 연관성을 가지고 있습니다. 이게 바로 나팔절입니다.

다시 한번 고린도전서 15장 51절을 봅시다.

"보라 내가 너희에게 비밀을 말하노니 우리가 다 잠잘 것이 아니요 마지막 나팔에 순식간에 홀연히 다 변화하리니"(고전 15:51).

여기에 보면, 보라 내가 너희에게 무엇을 말한다고 했습니까? 네, 비밀입니다. 나팔절은 비밀입니다. 주님이 이 땅에 재림하는 것을 다 아는 게 아닙니다. 하나님이 알려주는 사람만 아는 게 비밀이란 말입니다. 나팔절만 비밀이 아니라 7대 명절 하나하나 다 비밀입니다. 하나님께서 이것을 감추어 놓았습니다. 비밀로 덮어 놓으셨습니다. 그래서 이 비밀을 우리는 전해야 합니다.

예수님 재림의 예표

예수님이 십자가에 죽어 3일 만에 부활해서 하늘나라로 승천하셨는데, 정말 이 땅에 올 가능성이 있습니까? 주님이 다시 이 땅에 오신다는 것에 대해서 오지 않을 것이다, 안 올지도 모른다는 가능성은 제로입니다. 온다고 하는 가능성은 100 프로입니다. 구약에 이미, 벌써 나팔절에 대한 모형이 많이 나타나 있습니다. 아주 분명한 것은 여리고 성 사건입니다.

여리고 성안에 기생 라합이 살고 있었습니다. 이스라엘 백성들이, 제사장이 나팔을 만들어서 여리고 성을 7일을 돌았습니다. 마지막 날에는 일곱 번 나팔을 불었습니다. 요게 요한계시록에 대한 모형입니다. 요한계시록에 일곱 나팔이 나옵니다. 일곱 번 나팔을 붑니다. 이것이 예표로 먼저 나타난 것이 여리고 성 사건입니다. 거기서 제사장들이 마지막 일곱 번째 나팔을 불 때, 여리고 성이 왕창 무너집니다. 요한계시록 18장에 이 세상이, 바벨론이 다 무너진다고 그랬습니다. '무너졌도다 무너졌도다 큰 성 바벨론이여'(계 18:2). 이 세상이, 바벨론이 무너집니다.

저는 악의적으로, 고의적으로 "나는 하나님의 말씀을 안 믿어" 이렇게 하나님께 대들지 않는다면, 하나님 말씀을 인정 안 할 수가 없다고 생각합니다.

옛날 고대에 바벨론이 있었습니다. 바벨론 제국이 온 세계를 통일했습니다. 이 바벨론이 옆에 있는 작은 나라 이스라엘을 삼켜 버렸습니다. 그리고 젊은 청년 몇 사람을 전쟁 포로로 잡았습니다. 그중에 한 사람이 다니엘입니다. 다니엘을 포로로 잡아간 바벨론 제국의 대왕이 느부갓네살입니다. 그 왕이 하루는 잠을 자다가 꿈을 꿨습니다. 꿈꾼 내용이 이겁니다. **"머리는 금이요. 가슴은 은이요. 배는 놋이요. 다리는 철이요. 발가락은 다섯 개는 철이요. 다섯 개는 진흙이요."** 이런 큰 동상의 꿈을 꿨습니다. 동상이 각기 부분에 따라 재료가 달랐습니다. 그런데 갑자기 공중에서 돌 하나가 생기더니 내려와서 발가락 열 개를 딱 때려서 동상이 겨 같이 되어 바람에 날아가 버립니다. 하늘에서 내려온 돌 하나만 점점 커지더니 온 세상을 덮었습니다. 도대체 이게 무슨 꿈입니까? 해석이 안 됩니다.

느부갓네살 왕이 해몽을 잘하는 사람을 전국에서 다 모았습니다. 박사, 술객, 점쟁이들을 다 모아서 이 꿈을 해석하면, 요즘 돈으로 1조를 준다고 했습니다. 그러니까 전국에서 꿈 좀 해석한다는 사람들이 다 모였습니다. 그런데 느부갓네살 왕이 하는 말이 특이합니다. "얘들아, 너희들 보니까 머리가 더럽게 잘 돌아간다. 내가 꿈꾼 내용을 지금 너희들에게 말을 해 주고 이게 뭐냐고 해석을 하라고 하면 너희들이 통밥으로 갖다 붙여 해석하면, 내가 그 꿈 해석이 맞는지 아닌지 내가 어떻게 아냐? 그럴 거 없다. 이렇게 하자. 꿈 해석을 너희들이 하기 전에 내가 어젯밤에 꿈을 뭘 꿨는지 그것부터 너희들이 말해봐." 여러분, 다른 사람이 어떤 꿈을 꿨는지 말할 수 있습니까? 아무리 꿈 해석을 잘하는 사람도 "내가 꿈을 꾼 것 내용부터 한 번 말해 봐" 하고 말한다면, 당연히 반발할 수밖에 없지 않겠습니까? 신하들이 "왕이여, 역대 이후로 왕들이 그런 무식한 부탁을 한 왕이 없나이다." 하니까 왕이 화가 났습니다. "이것들 봐라. 그럴 줄 알고 내가 말했지. 너희들은 둘러대려고 그래. 너희들의 해석을 믿을 수 없어. 내가 꿈꾼 내용부터 먼저 말하면 내가 믿을게." 그 신하들이 한 사람도 못 한다고 하니까 군대 장관 아리옥을 불렀습니다. "처형해!"

그래서 모든 바벨론 학자들, 술사들이 처형장으로 끌려갔습니다. 그런데 아리옥이 보니 다니엘이 없었습니다. "야! 다니엘은 어디로 도망갔어?" 그랬더니 "다니엘은요? 밥만 먹고요? 머리 처박고 골방에서 기도만 해요." 하고 병사들이 말했습니다. 그래서 "기도 같은 소리 하고 앉았어. 데려와!" 하고 아리옥이 명령했습니다. 병사들이 다니엘을 끌고 왔습니다. 다니엘이 보니까 다 묶여서 지금 사형장으로 끌려가는 겁니다. 다니엘이 물었습니다. "이게 뭐 하시는 거예요?" 그러니까 "뭐는 뭐야? 이놈아. 왕이 꿈을 꿨는데 해석을 못 해. 다 죽어야 해. 너도 죽어." 하고 대답합니다. 그때 다니엘이 믿음으로 선포를 해버립니다. 사람이 믿음의 선포가 중요합니다. 여러분도 위기가 오거든 믿음으로 선포합시다. 어차피 죽는 거 다니엘이 이렇게 말했습니다. "나를 왕의 앞으로 인도하라. 내가 꿈을 말하리라." 아직 다니엘은 이게 어떻게 된 일인지 모릅니다. 하지만 담대히 믿음으로 선포한 겁니다.

다니엘이 왕에게 갔습니다. "다니엘, 이거 해석의 문제가 아니야. 내가 어젯밤에 꿈꾼 내용부터 네가 말할 수 있겠어?" 그러자 다니엘은 상황파악을 했습니다. 그리고 말합니다. "하룻밤의 기회만 주시면 내가 내일 왕이 꿈을 꾼 내용부터 말씀을 드리고, 해석하겠습니다." "좋아. 하루 연기." 다니엘 때문에 모든 사람이 사는 겁니다.

다니엘이 돌아오자마자 하나님 앞에 기도합니다. "하나님, 살려주세요. 살려주세요. 느부갓네살 왕이 무슨 꿈을 꿨는지 나한테 보여주세요." 밤새도록 철야 기도하다가 쓰러져 잠이 들었는데, 다니엘의 꿈속에 느부갓네살이 꿈을 꾼 내용과 똑같은 꿈이 나타났습니다. **"머리는 금이요. 가슴은 은이요. 배는 놋이요. 다리는 철이요. 발가락은 진흙이요."** 그리고 공중에 돌 하나가 위로 뜨더니 팍 내려와 동상의 발을 쳐서 부숴버립니다. 동상 전체가 먼지처럼 다 날아가 버리고 하늘에서 내려온 돌이 점점 커지더니 세상을 덮었습니다. 그리고 "다니엘아, 이 꿈의 내용을 내가 너에게 말하리라." 그러면서 하나님이 다니엘에게 해석을 가르쳐 줍니다.

"이것은 하늘의 하나님이 앞으로 이 세상의 역사를 이끌어갈 내용을 내가 이 꿈으로 보여줬느니라." 머리가 금인 것은 바벨론 제국을 말합니다. 현재 다니엘이 사로잡혀갔던 느부갓네살 왕의 나라입니다. 그다음 나라인 메데와 페르시아가 일어나고, 그다음에 헬라, 로마 이런 순서로 이 세상의 역사가 진행되리라는 겁니다. **"그대로 진행되리라."**

아침에 일어난 다니엘이 의기양양하여 왕 앞으로 갑니다. "왕이여, 잘 주무셨나요?" 왕이 말했습니다. "다니엘, 꿈 내용을 말해. 꿈 해석 말고. 해석 때문에 너를 부른 게 아니야. 내가 꿈꾼 그거부터 말하겠냐?" "당연하죠." "그럼, 한번 말해봐." 다니엘이 말하기 시작합니다. "왕이여, 내가 왕이 꿈을 꾼 내용을 먼저 말을 할 텐데 말하기 전에 내가 드릴 말씀 하나가 있습니다." "빨리해 봐. 어서. 자식이 말이야 딴소리 말고." "나는 이 말을 먼저 해야 합니다." "해 봐. 해 봐." "내가 지금 왕에게 드리는 이 말씀은 내 지혜와 능력이 아닙니다." 다니엘은 하나님 자랑부터 하는 겁니다. "이것은 하늘의 하나님이 어젯밤에 나에게 보여준 것이라서 저작권이 내 것이 아니라 하나님의 것입니다." 느부갓네살이 조급했습니다. "빨리해. 하나님이고 자시고 빨리해 봐."

"자, 그러면 시작합니다. 왕께서 3일 전에 꿈을 꾼 내용은 이런 것을 보셨죠? 큰 동상을 보셨나이다." "머리는 금이요. 가슴은 은이요." 느부갓네살이 온몸을 벌벌 떨면서 이야기합니다. "야, 다니엘, 그만하여라. 그만하여라. 됐다. 이제 더 이상 말하지 말고 이제 해석해 봐. 해석." "조용해요. 끝까지 다 들어요." "칼자루 거꾸로 잡았습니다." "아니, 이게 도대체 무슨 뜻이냐?" "다리는 철이죠?" "됐어. 그만해. 그만해." "잘 들어, 이놈아. 늙은 왕, 잘 들어. 그리고 공중에 돌이 하나 떴지요? 이게 중요합니다. 왕이여, 돌이 하늘에서 내려오더니, 발가락 열 개를 때렸지요? 그러니까 동상이 가루가 돼서 없어졌죠? 그리고 돌이 점점 커져서 세상을 덮었지요." "그래. 도대체 뜻이 뭐냐고? 이제 해석 좀 해. 이제는 믿을게. 믿을게."

다니엘이 해석을 합니다. "이 꿈은 하늘의 하나님이 앞으로 이 세상의 역사를 어떻게 진행할 것인지에 대한 계획을 왕에게 보여준 것입니다. 머리가 금으로 되었은즉 이것이 바로 느부갓네살 왕의 바벨론 제국을 말합니다. 그러나 바벨론 제국도 결코 오래가지 못하고 바벨론 제국을 망가뜨리는 새로운 나라가 나타납니다. 그것이 메디아와 페르시아입니다. 그 나라가 나타나서 바벨론을 없애버리고 세계 제국을 새로 세울 것입니다. 그 나라도 오래가지 못하고 '놋의 나라' 헬라 제국이 나타날 것입니다." 알렉산더도 태어나기 전에 이미 벌써 성경이 예언되어 있었습니다. "나타나서 앞에 페르시아 제국을 망가뜨리고 헬라 제국을 세울 것이고 헬라 나라도 오래가지 못하고 로마 나라, 철의 나라가 나타납니다. 두 다리니까 동로마와 서로마입니다."

성경은 기가 막힙니다. 이런 성경을 보면서도 예수를 안 믿습니까? 그리고 돌멩이가 하늘에서 떠서 동상의 발가락을 치니까 동상이 다 없어졌다는 것은 인류 역사가 그걸로 끝이라는 겁니다. 그리고 그 내려온 돌이 바로 누구냐? 산돌 되신 예수 그리스도입니다. 그리스도가 이 땅에 재림하면 그것으로 모든 세상은 끝납니다.

이 세상의 역사가 진행된 이후에 이 성경이 기록된 게 아닙니다. 다니엘서는 바벨론 시대니까 예수님 오시기 800년 전, 700년 전에 기록된 성경입니다. 그러니까 다니엘이 앞으로 이 세상 역사는 이렇게 진행될 거라고 말한 겁니다. 바벨론 나라가 망하면 그 뒤에 메대와 바사, 즉 메디아와 페르시아가 나타날 거라고 말입니다. 그리고 페르시아 제국이 망하면 헬라 제국이 나타날 거라고 말합니다. 헬라 제국이 나타난 뒤에는 로마 제국이 나타나고, 동로마와 서로마로 갈라집니다. 그리고 사람의 발가락 열 개가 있는데, 이것은 인간 최후의 이 땅의 미래의 나라가 될 거라고 합니다. 그때 하늘에서 돌이 내려와서 발가락 열 개를 칠 것이라고 합니다. 그러면 이 모든 동상이 다 사라지고 하늘에서 내려온 돌이 점점 커져서 이 세상을 덮을 거라고 말합니다. 이게 그리스도의 재림입니다. 이 돌은 주님이 이 땅에 오신다는 것입니다.

성경의 예언은 그대로 성취되었습니다. 역사가 이루어진 뒤에 성경이 기록된 게 아닙니다. 역사가 나타나기 전에 이미 성경이 기록된 겁니다. 그리고 성경에 기록된 그대로 역사는 진행됐습니다. 일점일획도 빠짐없이 말입니다. 심지어 헬라 같은 나라는 이 세상에 생겨나기도 전에 '헬라'라는 나라 이름을 먼저 말하고 있습니다. 예언가라고 칭하는 노스트라다무스의 책을 보면, 독일의 히틀러가 나타나서 세계를 피의 전쟁으로 만들 것에 대해서 예언합니다. '어떤 독재자가 나타나서 세계에 피의 전쟁을 일으킨다'고 말한 것이 아니라 히틀러라는 이름이 나옵니다. 세상에 태어나지 않을 사람인데 이름을 먼저 예언한단 말입니다. 헬라라는 나라도 동일합니다. 헬라 나라의 이름을 먼저 말하는 겁니다.

"머리는 금이요 바벨론이요. 가슴은 은이요 메데 바사요. 늣은 헬라요 표범이요. 다리는 로마요 크고 무서운 짐승이요. 발가락은 미래의 나라요." 여기까지 세상 역사가 성경 그대로 이루어졌습니다. 이제 마지막 사건 하나가 남았습니다. 돌이 내려오는 일이 남았습니다. 하늘에서 돌이 내려와서 발가락 열 개를 치는 겁니다. 이건 세상 역사가 끝난다는 겁니다. 돌이 점점 커져서 이 세상을 덮어버릴 것입니다! 이게 메시야의 나라입니다. 예수님의 재림이 임합니다! 이걸 누가 안 믿겠습니까? 이거 안 믿는 사람은 정신병자입니다.

 '글쎄, 이 멀쩡한 세상에 하늘에서 예수님이 재림하여 세상이 끝난다? 글쎄 그렇게 될까?' 이렇게 의심할 수도 있습니다. 그러나 예수 그리스도의 재림은 이것이 딱 떨어진 단일 사건이 아닙니다. 주님의 재림은 단일 사건이 아닙니다. 역사의 흐름 속에서 이루어지는 하나님의 계획과 섭리가 완전히 성취되는 과정에서 마지막 사건으로 딱 나타나 있는 겁니다. 예수 그리스도의 재림이 가능성이 없다면 그 앞에 이루어진 역사도 없어야 하는 겁니다. 예수 그리스도의 재림이, 주님의 오심이 단일 사건으로 딱 떨어져 있으면 어느 날 느닷없이 그냥 제가 나타나 가지고 "여러분, 예수님이 재림합니다." 이러면 안 믿어도 괜찮습니다. 그러나 그리스도의 재림은 역사적 사실에 이어지는 사건으로 나타나는 겁니다. 그래서 이걸 역사적 전 천년이라고 그럽니다.

 만약에 이 둘의 사건을 안 믿으면, 앞에 있는 7대 명절의 역사도 믿지 못하는 것입니다. 7대 명절의 앞의 역사가 다 이루어졌다면, 이 사건도 이루어지는 겁니다. "주님 오십니다. 곧 오십니다. 진짜 오십니다." 나팔절은 꼭 이루어집니다. 이 나팔절을 맞이하기 위해서 우리는 앞의 명절인 오순절, 성령세례를 전적으로 받아야 합니다. 그래서 오순절이 중요합니다.

이단들이 사고 쳐도 주님의 재림을 더 강조하자

근데 왜 한국 교회가 주님의 재림에 대해서 말하기를 싫어하느냐? 목사님들이 안 믿는 겁니다. 기가 막힙니다. 신학교에서 머리로만 공부를 해서 오순절이 없는 겁니다. 목사님들이 성령 못 받은 겁니다. 인위적으로 만들어진 인간적 목사가 된 겁니다. 지금 신학교들이 인위적, 인간적 목사 제조 공장으로 생산해내고 있습니다. 목사님들이 재림을 안 믿는 겁니다. 근데 안 믿는다고 그러면 성도들한테 오해받을까 봐 믿는다고 하지만 말하기를 싫어하는 겁니다. 말하기를 싫어하는 사람은 사실은 안 믿는 겁니다.

주님이 오신다는 나팔절을 한국 교회가 주저하고 있습니까? 과거에 나팔절을 가지고 사기 친 사건들이 몇 번 있었습니다. 이단들 때문에 나팔절에 대한 이미지가 안 좋았습니다. 그렇다고 하더라도 주님은 오십니다. 한국 교회가 주님의 재림을 가리는 것은 사탄의 역사입니다. 마귀가 이단들을 사용해서 나팔절 이미지를 안 좋게 한 겁니다. 목사님들이 주님의 재림을 말하기 주저합니다. 그러나 이단들이 사고 쳐도 예수님은 재림하십니다. 이걸 더 강조해야 합니다. 저는 사람의 비위를 맞추지 않습니다. 주님이 기뻐하면 됩니다. 예수님이 기뻐한 대로 말해버릴 겁니다. 주님이 오신다고 소리를 지를 겁니다. 복음을 가감함이 없이 원색적으로 전해야 합니다.

일제강점기, 6.25 전쟁 때에 우리 성도들은 나팔절을 기다리며 살았습니다. 그때 성도들은 가짜가 별로 없었습니다. 왜 그랬을까? 그때는 교회에 가면 다 죽습니다. 그러니까 진짜들만 교회에 다녔습니다. 주기철 목사님, 손양원 목사님 이런 시대에는 교회가 정화됐습니다. 교회가 깨끗했습니다. 그러니 교회에 속한 이들의 신앙이 깊을 수밖에 없었습니다. 성도들은 나팔절을 애절하게 기다렸습니다. 주님 오시기를 애절하게 기다렸습니다. 주님의 재림을 사모하며 살았습니다. 여러분, 나팔절을 사모합시다. 나팔절을 대비합시다. 우리 모두 유월절, 무교절, 초실절, 오순절을 지나고 나팔절을 기다립시다.

> ### 기도
>
> "주님, 인정합니다. 나, 주님의 오심을 받아들입니다. 그 누가 뭐라고 말해도 나는 주님이 오심을 믿습니다. 나는 그때 그리스도의 신부가 되기를 원합니다. 단장하기를 원합니다. 예수 그리스도의 이름으로 기도하옵나이다. 아멘."

07

/

속죄절

마태복음 3:11-12

¹¹나는 너희로 회개케 하기 위하여 물로 세례를 주거니와 내 뒤에 오시는 이는 나보다 능력이 많으시니 나는 그의 신을 들기도 감당치 못하겠노라 그는 성령과 불로 너희에게 세례를 주실 것이요 ¹²손에 키를 들고 자기의 타작마당을 정하게 하사 알곡은 모아 곡간에 들이고 쭉정이는 꺼지지 않는 불에 태우시리라

"유월절, 무교절, 초실절, 오순절, 나팔절, 속죄절, 장막절." 7대 명절 중 오순절이 가운데 있습니다. 7대 명절 중에 오순절이 중요합니다. 오순절이 오기 위해서는 앞 명절인 유월절, 무교절, 초실절이 있어야 합니다. 그리고 오순절 체험을 못한 사람은 유월절, 무교절, 초실절을 경험했어도 진심으로 그 참된 깊이의 의미를 알지 못합니다. 성령님이 주시는 영적 능력이 있을 때 느끼는 것

이 있습니다. 그래서 오순절을 경험하면 다시 유월절, 무교절, 초실절로 한 번 다녀옵니다. 그러면 그전에 알았던 명절보다 더 깊은 영적 체험을 할 수 있습니다. 그리고 오순절을 받아야지 나팔절, 속죄절, 장막절이 따라옵니다. 오순절 뒤에 있는 세 명절도 오순절, 성령세례를 받아야지만 믿어집니다. 그리고 세 명절에 대해서 확신을 하게 됩니다.

이제 우리는 여섯 번째인 속죄절까지 왔습니다. 주님이 재림하시면, 나팔절이 임하면 바로 속죄절로 들어갑니다. 이 속죄절을 주님이 '**알곡과 쭉정이**'를 가린단 말입니다. 예수님이 나팔절을 통하여 이 땅에 오시면 처음에 무덤 속에서 부활 사건이 일어납니다. 장례식을 할 때, 하관식을 하면서 흙을 덮기 전에 목사님들이 설교하는 것이 그 내용입니다. "우리가 주님의 말씀을 따라 아담의 죄 때문에 이 성도가 살았던 육신의 장막을 땅으로 돌려보내나 머지않아 주님이 오실 때 다시 이곳에서 부활이 일어날 줄 믿고." 이게 목사님들의 하관식 설교란 말입니다. 첫 번째로 무덤 속에서 부활 사건이 일어납니다. 두 번째는 그때까지 살아있는 사람입니다. 그때까지 성도로서 성결한 그리스도의 신부로, 산 채로 부활을 합니다. 이걸 다른 말로는 휴거라고 그럽니다. 이 휴거 사건이 바로 나팔절에서 일어납니다.

알곡과 쭉정이

나팔절이 일어난 뒤에 주님이 **"알곡과 쭉정이"**를 가리는 속죄절로 들어갑니다. 속죄절이 거의 동시 사건으로 이루어집니다. 그런데 신앙생활을 하는 사람들이 다 알곡이라고 볼 수 없습니다. 마태복음 3장 11-12절을 봅시다. 세례 요한이 예수님을 소개하면서 이렇게 말합니다.

"나는 너희로 회개케 하기 위하여 물로 세례를 주거니와 내 뒤에 오시는 이는 나보다 능력이 많으시니 나는 그의 신을 들기도 감당치 못하겠노라 그는 성령과 불로 너희에게 세례를 주실 것이요 손에 키를 들고 자기의 타작 마당을 정하게 하사 알곡은 모아 곡간에 들이고 쭉정이는 꺼지지 않는 불에 태우시리라"(마 3:11-12).

여기에서 성령과 불로 너희에게 세례를 주실 것이라는 것은 오순절을 말하는 겁니다. 그리고 손에 '키'를 들었다고 했는데, 이건 열쇠를 말하는 게 아닙니다. 혹시 시골에서 가을에 키질하는 거 아십니까? 경상도에선 '채'라 그럽니다. 타작마당에 농사를 다 하면, 여자들이 배에다 받쳐놓고 곡식을 담아서 바람을 일으킵니다. 이게 바로 키질입니다. 키질을 하면, 쭉정이는 바깥으로 날아가고 알곡만 남습니다. 옛날에 어머니가 하는 걸 보니까, 알곡은 바람을 세게 일으킬수록 안으로 들어옵니다. 그래서 나중에 키질이 다 끝나면 쭉정이는 다 날아가고 알곡만 남습니다. 이 알곡을 모아서 부대에 담습니다. 쭉정이는 모아서 불태웁니다. 이건 비유입니다. 주님이 이 땅에 재림하시면 구원받은 모든 인간, 구원받지 못한 모든 인간을 키질해서 알곡과 쭉정이를 가립니다. 마태복음 25장에는 염소와 양으로 구분한다고 했습니다.

그럼 누가 알곡이고, 누가 쭉정이입니까? 농사를 지으면 알곡과 쭉정이가 있는 것처럼 신앙의 농사에도 알곡과 쭉정이가 있습니다. 성경에서 말하는 알곡은 세상이 판단하는 기준과 전혀 다릅니다. 7대 명절 중에 유월절부터 나팔절까지 들어간 사람을 알곡이라고 합니다.

교회에 오는 사람들이 항상 넘어야 할 사건들이 많이 있습니다. 교회를 오면 모든 용어에 혼선이 생깁니다. 세상 사람들은 착하게 사는 걸 선(善)이라 하는데 교회는 전혀 아닙니다. 교회는 하나님과의 관계성의 선을 말합니다. 그러니까 '선'이라는 용어의 혼돈이 생깁니다. '선'뿐만 아니라 모든 것의 용어의 혼돈이 생깁니다.

교회에 오면, 한 가지 단어가 두 가지로 적용이 됩니다. 예를 들어, 세상에서는 돈 벌면 기쁘잖습니까? 그다음에 또 아들 낳으면 기쁘잖습니까? 집 사면 어떻습니까? 그런데, 교회에서 말하는 기쁨은 전혀 아닙니다. 그런 기쁨과는 전혀 관계가 없습니다. 교회에서 말하는 기쁨은 성령으로 부어지는 기쁨을 말합니다. 이와 같은 용어의 혼돈이 처음 교회를 다니면 일어납니다.

알곡과 쭉정이도 마찬가지입니다. 착하게 산 사람이 알곡이 되는 게 아닙니다. 우리가 생각할 때 착하게 살고, 정돈되게 살고, 흐트러지지 않고, 무너지지 않고, 남들이 봐도 "아, 저 사람은 착한 사람이야. 법 없어도 사는 사람이야." 이런 사람이 알곡이 될 것 같지만, 전혀 아닙니다. 성경이 말하는 알곡은 유월절부터 무교절, 초실절, 오순절, 나팔절을 지나온 사람입니다. 하나님과의 관계성을 가지고 있느냐 없느냐에 따라서 알곡과 쭉정이가 판단이 납니다.

여러분, 지금까지 유월절부터 오순절까지 여러분 속에 들어갔으면 알곡이 될 수 있는 기반을 잡은 겁니다. 그 줄을 잡고 나가면 알곡이 됩니다. **"알곡이 됩시다." "쭉정이가 되지 맙시다."** 그래서 주님은 가끔 가다가 속죄절 그날이 오기 전에, 알곡과 쭉정이를 가리기 전에 우리의 삶 속에서 가끔 하나님이 속죄절을 적용시켜 보는 경우가 있습니다. 주님이 가끔씩 여러분과 저를 키질해 봅니다. 여러분과 저를 키에 넣어놓고 바람을 일으킵니다. 이것이 우리의 삶에 일어나는 시험입니다. 우리의 삶에 바람이 일어날 때, 우리가 예수님으로부터 점점 멀리 떨어져 나가면 쭉정이인 겁니다. 그러나 바람이 일어나고 시험이 올 때 주님 안에 거하면 알곡이 되는 겁니다. 앞서 이야기한 것처럼 바람이 더 거세게 불었을 때 쭉정이는 더 멀리 날아가지만, 알곡은 키 안으로 들어옵니다. 우리에게 불어오는 시험도 거세게 불어올수록 알곡은 주님 안에 거합니다. 나에게 시험이 거세게 올 때 "아, 주님이 나를 키질하는구나. 바람을 일으키는구나." 하는 생각을 해야 합니다. 이

때 뒤로 물러나면, 나는 쭉정이입니다. 점점 더 기도의 무릎으로 예수님 앞으로 다가가야 합니다. 쭉정이는 시험이 오면 교회를 다니다가 여러 핑계를 대면서 안 나옵니다. 이런 사람은 백 프로 쭉정이입니다. 알곡은 그렇지 않습니다. 알곡은 시험이 올수록 '그거는 그 사람 문제고 나는 주님의 십자가 앞으로 더 가까이 가야겠다!' 그럽니다. 알곡은 더 달라붙게 돼 있습니다.

주님의 심판대 앞에서 서는 속죄절이 임할 때 알곡이 돼야 합니다. 근데 알곡과 쭉정이를 그때 가봐서 구분하는 게 아니고 오늘 이 자리에서 바로 구분할 수 있습니다. 내가 알곡이 되기 위해서는 유월절, 무교절, 초실절, 오순절, 나팔절에 들어가면 됩니다. 예수님의 재림 때에 속죄절에 함께 들어가 알곡으로 구분됩니다.

"아, 내 인생, 앞으로 남은 모든 생애는 이것을 위해서 살아야겠다." 이런 마음이 내 안에 일어나면, 내가 예수님의 일곱 개의 사건, 7대 명절에 들어간 겁니다. "**유월절, 무교절, 초실절, 오순절, 나팔절, 속죄절, 장막절.**" 이것을 모르는 사람들이 불쌍하게 봐야 합니다. 7대 명절이 들어온 여러분은 알곡이 될 수 있습니다.

기도

"주님, 속죄절에 임할 때 알곡이 되게 하옵소서. 쭉정이가 되어 지옥 불에 떨어지지 않게 하옵소서. 세상에서 시험의 바람이 불 때 예수님께 딱 달라붙어서 떨어지지 않겠습니다. 주님, 내게도 7 대 명절을 주옵소서. 7대 명절이 내 가슴을 불태우게 하여 주시옵 소서. 그리하여 알곡이 되게 하옵소서. 예수님의 이름으로 기도 하옵나이다. 아멘."

08

/

장막절

다니엘 7:17-18
[17]그 네 큰 짐승은 네 왕이라 세상에 일어날 것으로되 [18]지극히 높으신 자의 성도들이 나라를 얻으리니 그 누림이 영원하고 영원하고 영원하리라

7대 명절의 축복을 받기 바랍니다. 하나님이 구약시대의 이스라엘 백성들에게 주신 **"유월절, 무교절, 초실절, 오순절, 나팔절, 속죄절, 장막절"**이 여러분에 임하길 바랍니다. 7대 명절을 다시 한번 살펴보고, 마지막 명절인 장막절을 살펴보려고 합니다.

첫 번째, 유월절은 **"이렇게 죽으리라"**는 겁니다. 유월절은 예수님이 이 땅에 와서 십자가에 죽은 뒤에 생긴 명절이 아닙니다.

4000여 년 전에 유월절 행사를 통하여 하나님의 아들이 이 땅에 오면, 이렇게 죽는다는 것을 이스라엘 백성들이 예행연습으로 행했습니다. 그리고 무교절은 3일 동안 **"무덤에 있으리라"**는 겁니다. 무교절에 무교절 빵을 만들어서 땅속에 3일 동안 묻어뒀습니다. 그 시대에는 왜 그러는지 몰랐습니다. 예수님이 오셔서 이 무교절을 그대로 날짜도 안 틀리고 이루어졌습니다. 예수님께서 유월절에 죽었고, 무교절에 무덤에 있었습니다.

그리고 초실절에 **"부활했습니다."** 부활한 날이 초실절입니다. 그 이후에 오순절에 **"성령이 왔습니다."** 사도행전 2장 1절에 보면, '오순절 날이 이미 이르매'라고 되어 있습니다. 여기 오순절까지가 예수님이 성취하신 절기입니다.

오순절 이후 세 절기는 앞으로 주님이 이루실 것입니다. 나팔절은 **"그리스도의 재림의 예표"**입니다. 구약시대에 나팔을 불면, 백성들이 다 한자리에 모이는 것처럼 예수님이 이 땅에 오실 때 천사장의 나팔 소리와 함께 구원받을 사람을 이 땅에서 저 끝까지 모읍니다. 나팔절과 함께 속죄절이 옵니다. 예수님이 이 땅에 재림하시면, 성도 중에서 **"알곡과 쭉정이"**를 가린다고 그랬습니다. 그리고 최후의 마지막 지점인 **"천년왕국"**으로 우리를 이끌어 갑니다.

다니엘을 통해 전하시는 그리스도의 나라

바벨론 느부갓네살이 큰 동상의 꿈을 꾸고, 다니엘이 그 꿈을 맞추고 해석한 이후에 느부갓네살이 또 꿈을 꿉니다. 한 가지만 말해도 확실한데, 하나님은 이 계시에 보강공사를 했습니다. 그리고 그 이후에 다니엘이 꿈을 꿨습니다. 이번은 느부갓네살이 아닙니다. 큰 바다에서 짐승 네 마리가 튀어나왔습니다. 첫 번째 짐승은 사자입니다. 두 번째 짐승은 곰입니다. 세 번째 짐승은 표범입니다. 네 번째 짐승은 이름이 없고, 아주 크고 뿔이 열 개가 붙어 있는 무서운 짐승입니다.

그때 하나님께서 동상의 계시와 똑같이 짐승의 계시로 한 번 보여주십니다. **"머리는 금이요. 바벨론이요. 사자요."** 바벨로니아의 제국의 대표 짐승이 사자입니다. **"가슴은 은이요. 메데와 바사요. 곰이요."** **"배는 놋이요. 헬라요. 표범이요."** **"다리는 로마요. 열 뿔은 열 발가락이요. 미래의 나라요."** 그때에 하늘의 하나님이 새로운 나라를 세운다고 하셨는데, 이게 바로 그리스도의 나라입니다. 성도의 나라입니다. 이 세상의 최후 마지막은 성도의 나라로 끝이 납니다.

다니엘서 7장 17-18절을 읽어봅시다.

"그 네 큰 짐승은 네 왕이라 세상에 일어날 것으로되 지극히 높으신 자의 성도들이 나라를 얻으리니 그 누림이 영원하고 영원하고 영원하리라"(단 7:17-18).

바벨론, 페르시아, 헬라, 로마, 이런 식으로 이 세상의 나라들이 나타나도 결국 마지막 끝에는 돌의 나라, 성도의 나라, 메시야의 나라로 끝난다는 겁니다. 메시야의 나라가 이 세상의 마지막 나라입니다.

다니엘은 두 가지 계시를 통하여 바벨론 제국 시대 때부터 종말까지 하나님이 이 세상을 심판하여 그리스도의 나라, 메시야의 나라를 이루는 걸 알았습니다. 다니엘은 눈만 감으면 훤하게 보이는 겁니다. '앞으로 이렇게, 이렇게 해서, 그래서 이 땅이 끝이 나겠구나.'

다니엘은 바벨론에 포로로 잡혀 와서 이 계시를 받았는데, 이스라엘에 대한 이야기가 없었습니다. 그래서 다니엘이 자기 민족을 위해서 21일 금식을 했습니다. "이러한 역사의 과정에, 이렇게 하나님이 역사의 순서를 짰다면, 바벨론, 메데와 바사, 헬라, 로마로 끝나는 것으로 하나님의 계획이 섰다면, 우리나라는 이 과정에서 어떻게 됩니까?" 부르짖었습니다.

그러자 다니엘에게 세 번째 계시가 내려왔습니다. 첫 번째 계시는 **"동상의 계시"**입니다. 두 번째 계시는 **"짐승의 계시"**입니다. 이 두 계시를 통해 하나님이 이 세상을 어떻게 끝낼 것을 명쾌하게 가르쳐주셨습니다. 세 번째 계시에선 하나님이 드디어 **"숫자

로 너희 나라를 통하여 미래를 보여주리라." 하고 말씀하셨습니다. 시작이 이렇습니다. "다니엘아, 네가 이렇게 포로 생활하고 살다가 보면 어떤 착한 왕이 하나 나타난다. 착한 왕." 여기서 말하는 착한 왕이 고레스란 말입니다. "착한 왕이 이제 딱 나타나서 왕이 이렇게 말한다. '여봐라. 여기 궁궐이 너무 답답하다. 나를 바깥 구경을 좀 시켜다오.' 왕이 마차를 타고 바깥을 떡 나가는데 거기에 이스라엘에서, 유다에서 포로로 잡아 온 이스라엘 백성들이 종살이하는 것을 보게 될 것이다. 그러면 이제 왕이, 어린 왕이 그러지. '여봐라. 쟤들은 누구냐?' 그러면 '왕의 아버지의 왕 때에 주먹만 한 쪼그만 나라 이스라엘이라고 있습니다.' '그래서?' '그 나라 사람을 우리가 잡아 왔습니다.' '그래서?' '종으로 부려 먹고 있습니다.'" 그 말을 딱 들은 왕이 이렇게 말한다는 겁니다. "그러면 안 되지!" 마음이 착한 겁니다. **"그러면 안 되지!"** 이건 착한 겁니다. "그러면 안 되지! 자기 나라로 돌아가라고 그래라. 돌아가라고." **"돌아가라!"** "큰 나라도 아니고 주먹만 한 나라인데 그걸 왜 잡아다가 종으로 부려 먹어? 사람이 그렇게 하면 안 되지. 너희 나라로 돌아가서 너희 나라끼리 살아라." 이렇게 말하는 왕이 나타난다는 겁니다. 아멘. "그 왕의 명령이 딱 내리는 그날, 그 날짜야. 그날부터 계산을 들어가라. 그날부터 계산에 딱 들어가서 전체 날짜가 490년이다." 이걸 히브리식 달력으로 줄여서 그들이 쓴 표현으로 70이레라고 그럽니다. 70이레입니다. 한 이레가 7년입니다. 70이레니까, 70이레×7년=490년입니다. 착한 왕이 말하는 날부터 490년이 되면 무슨 일이 생기느냐? 또 같은 말입니다. 동상에서 한 말과 같습니다. 하늘에서 돌이 내려와 이 세상에서 메시야의 나라가 이루어진다!

7이레 + 62이레

"그러면 중간에 가는 과정에 이런 일이 일어난다. 첫째, 일곱 이레가 먼저 지난다. 그러면 50년이다." 7이레×7년=49년입니다. 그리고 그다음 해가 50년입니다. 일곱 이레가 지나면 뭔 일이 일 어나느냐? 49년이 지나면 이스라엘 백성들의 정신적 고향인 예 루살렘 성전이 회복이 되리라는 예언이 그대로 이루어졌습니다. 스룹바벨 성전이 그때 50년 만에 건축이 되었습니다. 솔로몬이 지은 성전이 이스라엘 백성들이 포로 생활 70년 갔다 온 뒤에 무 너졌잖습니까? 그 무너진 성전을 새로 지은 것이 바로 50년 만에 돌아와서 지었습니다. 날짜도 안 틀리고 다 이루어졌습니다.

그다음에 머리가 번쩍 서는 얘기를 해주겠습니다. 일곱 이레가 지나가고, 그다음에 434년(62이레), 요것이 뭐냐? 두 개를 합치면 69이레입니다. 69이레가 지나면, 이게 신구약 모든 성경 예언 중 에 완전히 꼭짓점입니다. 가장 전율이 흐르는 겁니다. 예수 그리 스도가 마리아의 배를 통하여 이 땅에 나타나는 날이 정해져 있 습니다. 구약의 다른 성경에는 '예수님이 오신다'고 예언했습니 다. 날짜를 딱 박아서 '그날 기쁘다 구주 오셨네,' 이 세상을 창조 하신 하나님이 사람의 배를 빌려서 오신 꼭짓점, 오시는 그날을 못 박아 말한 게 바로 다니엘서입니다. 예수님 오신 그날이 바로 다니엘이 말한 그날입니다.

마지막 한 이레는 요한계시록으로 이사 가다

그래서 예수님이 오는 데까지 70이레 중에서 69이레를 써먹었습니다. 그럼 한 이레가 남았죠? 이 한 이레는 주님의 재림을 위하여 남겨놓았습니다. 주님의 초림은 69이레입니다. 그때 주님이 왔습니다. 날짜대로 그대로 왔습니다. 아멘. 그리고 남은 한 이레가 있습니다. 7년입니다. 이 7년, 한 이레는 주님의 재림을 위하여 요한계시록으로 옮겨났습니다. 이게 7년 대환난입니다. 그래서 지금 한 이레는 아직 남아있습니다. 이 한 이레가 요한계시록으로 이사 갔다 말입니다. 주님은 오십니다. 틀림없이 오십니다. 이 정도로 제가 설명하면, 특별 은총인 계시가, 성령으로 계시가 안 와도, 인간적 이성으로라도 그리스도의 재림을 수긍하고 인정을 안 할 수가 없는 만큼 이렇게 성경이 조직적으로 돼 있습니다. 할렐루야!

천년왕국은 온다

천년왕국은 옵니다! 주님이 이 땅에 재림하여 오시면, 먼저 예수님이 하늘나라 가서 지금 구원받은 성도와 함께 있는 천국에서 데려올 때 부활합니다. 장례식 때 목사님들이 다 뭐라고 하는지 아십니까? "천국에서 만나보자 그날 아침 거기서 순례자여. 울지 마세요. 우리가 지금은 육신의 정을 가지고 아쉬워하고 있으나, 오늘 원죄를 범한 인간이 다시 육체의 고향인 땅속으로 육체를 돌려보내나, 예수님이 재림할 때 여기서 부활할 줄을 믿으시고 그날을 바라보며 모든 슬픔을 이기세요." 이렇게 이야기합니다. 그런데 주일날 설교할 때는 천년왕국이 없다 그럽니다. 부활한 사람은 부활 상태로 천년왕국에 들어갑니다. 아멘.

그다음이 이제 중요합니다. 그다음에 그때까지 살아있는 사람 중에 유대인, 이스라엘 사람, 이스라엘 사람들은요 육체로 들어갑니다. 육체로 천년왕국에 들어가면, 어떤 상태가 이루어지냐? 인간이 창세기 1장의 선악과를 따먹기 전의 상태로 돌아갑니다. 그러면 거기서 사람들이 다시 결혼을 해서 애를 낳아요. 애를 낳으나 원죄가 없기 때문에 해산의 수고가 없습니다. 여자가 애를 낳고, 바로 노루처럼 막 뛰어다닙니다. 상함도 없고, 해함도 없고, 어린이가 독사굴에 손을 넣어도 독사들이 물지 않는, 그야말로 친환경입니다.

이러한 세계가 주님에 의해서 이루어진다는 것이, 이것이 천년왕국입니다. 아멘. 주님이 다스릴 그 나라가 여기서 이루어진다는 겁니다. 구약의 모든 선지자들, 이사야, 예레미야, 다니엘, 에스겔의 예언과 환상이 여기를 지목하고, 여기를 꽂고 있습니다. 아멘.

천년왕국은 하나님의 설계도의 종착역

성경의 설계도를 살펴보면, 창세기 1장에서 하나님은 천지를 창조할 때 이미 모든 설계도를 그려놓았습니다. 사람이 집을 지어도 그냥 막 짓지 않습니다. 설계도를 그립니다. 하물며 하나님이 이 우주를 설계하는데 그냥 하나님이 막 해버리겠습니까? 아닙니다. 처음 시작할 때 이미 끝이 정해져 있습니다.

이것이 '**하나님의 설계도**'입니다. 신구약 성경 전체를 압축한 겁니다. 천지창조를 해서 구약시대를 거쳐 예수님이 이 땅에 오십니다. 그리고 신약시대를 지나고 메시야의 나라가 임합니다. "**메시야의 나라.**" 모든 하나님의 창조와 구속과 섭리의 지향점은 여기에 있습니다. 이 메시야의 나라, 여기가 하나님의 목표란 말입니다. 아멘. 하나님은 저 목적지를 향하여 달려가고 있습니다. 우리도 그 과정 중에 하나로, 지금 여기에 서 있다는 말입니다. 집을 짓는 사람은 주인이 만들어준 설계도를 해독해야 제대로 집을 지을 수 있는 것처럼 하나님의 설계도를 제대로 해독해야 하나님의 나라에 들어갈 수 있습니다. 여러분, 천년왕국은 꼭 옵니다. 장막절을 내 것으로 붙잡기를 원하십니까? 하나님의 설계도를 붙잡읍시다.

"주님, 나는 장막절을 믿습니다. 장막절을 통해 천년왕국이 임 한다는 것을 믿습니다. 하나님께서 천지창조 때부터 하나님의 설 계도를 그리시고, 그 설계도대로 행하신 것을 믿습니다. 설계도 의 완성이 천년왕국임을 믿습니다. 새 예루살렘을 믿습니다. 분 명히 그날이 올 줄 믿습니다. 나도 거기에 주인공을 되게 하여 주 세요. 예수님의 이름으로 기도하옵나이다. 아멘."

09

/

새 예루살렘을 향하여

요한계시록 21:1-6

¹또 내가 새 하늘과 새 땅을 보니 처음 하늘과 처음 땅이 없어졌고 바다도 다시 있지 않더라 ²또 내가 보매 거룩한 성 새 예루살렘이 하나님께로부터 하늘에서 내려오니 그 예비한 것이 신부가 남편을 위하여 단장한 것 같더라 ³내가 들으니 보좌에서 큰 음성이 나서 가로되 보라 하나님의 장막이 사람들과 함께 있으매 하나님이 저희와 함께 거하시리니 저희는 하나님의 백성이 되고 하나님은 친히 저희와 함께 계셔서 ⁴모든 눈물을 그 눈에서 씻기시매 다시 사망이 없고 애통하는 것이나 곡하는 것이나 아픈 것이 다시 있지 아니하리니 처음 것들이 다 지나갔음이러라 ⁵보좌에 앉으신 이가 가라사대 보라 내가 만물을 새롭게 하노라 하시고 또 가라사대 이 말은 신실하고 참되니 기록하라 하시고 ⁶또 내게 말씀하시되 이루었도다 나는 알파와 오메가요 처음과 나중이라

"7대 명절의 축복을 받자!" 우리가 지금까지 7가지 명절, **"유월절, 무교절, 초실절, 오순절, 나팔절, 속죄절, 장막절"**에 대해서 살펴봤습니다. 7대 명절로 나타난 그리스도는 예수님이 이 세상에 오셔서 어떻게 주의 사역들을 이끌어 가실지 나타내는 겁니다.

요한복음 1장에 예수님을 아주 잘 표현했습니다. 우리는 요한복음 1장식으로 예수님을 알아야 제대로 알 수 있습니다.

"말씀이 육신이 되어 우리 가운데 거하시매"(요 1:14).

"만물이 그로 말미암아 지은 바 되었으니 지은 것이 하나도 그가 없이 된 것이 없느니라"(요 1:3).

사도 요한이 성경을 통해 이야기한 분이 바로 예수님이십니다. 그 예수님이 이 세상에 사람으로 오시기 전에 인간으로 이 땅에 오시면, 이러한 일곱 가지의 일을 내가 진행한다고 했으니, 그것이 바로 예수 그리스도의 구속사입니다. 여러분과 저를 위해서 해 주실 큰 일곱 가지 사건을 하나님은 벌써 예수님이 이 땅에 오시기 전에 7대 명절을 만들어가지고 이스라엘 백성들에게 예행연습을 시킨 겁니다. **"예수님을 확실히 알자."**

유월절, **"이렇게 죽으리라."** 무교절, **"무덤에 있으리라."** 초실절, **"부활하리라."** 오순절, **"성령을 주시리라."** 나팔절, **"재림하시리라."** 속죄절, **"알곡과 쭉정이를 가리시리라."** 장막절, **"천년왕국을**

주시리라." 7대 명절의 한 주제도 건너뛰어서는 안 됩니다.

여러분이 7대 명절을 살펴봤지만, 이 책을 한 번 보는 것에서 그치지 않고 계속 반복해서 읽어야 합니다. 그 이유를 알려드리겠습니다. 예수님께서 이 땅에서 보내시면서 사람들을 가르치실 때 그냥 다 안 가르쳤습니다. 가르치는 선이 있었습니다. 성경은 예수님이 말씀하실 때 모인 이들을 '허다한 무리'라고 했습니다. 허다한 무리가 모였을 때 예수님은 간결하게 말씀하셨습니다. "회개하라. 천국이 가까워졌다." 복음 선포를 하셨습니다. 그런데 허다한 무리 중에서 예수님을 좀 따르는 제자들 오백 여 명 형제들이 모여 있을 때는 예수님이 조금 심도 있는 말씀을 가르치셨습니다. 그다음은 백이십 명 정도의 성도들입니다. 오순절에 성령을 받은 사람입니다. 그다음은 전도여행을 보냈던 70명의 제자들입니다. 그리고 여러분이 잘 알고 있는 열두 제자들입니다. 열두 명의 제자들하고 있을 때는 아주 깊은 이야기를 했습니다. 마지막으로 예수님의 핵심 중의 핵심이라고 할 수 있는 베드로, 요한, 야고보처럼 3명의 제자들에게 예수님의 비밀들을 많이 이야기했습니다. 예수님이 이렇게 차등을 두신 이유는 이야기를 해도 못 알아듣기 때문입니다. 그러니 계속 읽고 듣고 그 말씀을 상고하셔야 합니다. 그럼 주님께서 우리의 듣는 귀를 열어주십니다. **"주님 귀를 열어주세요."**

하나님의 설계도인 7대 명절

7대 명절을 보시면, 하나님의 설계도가 얼마나 기가 막히지 알수 있습니다. 하나님은 천지를 창조할 때부터 완벽한 계획을 세우셨습니다. 하나님은 설계도를 그리실 때 인간의 최후의 마지막을 새 예루살렘, 장막절로 끝내기로 하셨습니다. 그리고 하나님의 계획대로 역사를 주관하시고 진행하고 계십니다. 하나님의 계획 속에 지금 우리는 오순절에 와 있습니다. 오순절의 말기입니다. 그러니까 이 오순절이 끝나면, 나팔절, 속죄절, 그리고 마지막 장막절이 오면서 새 예루살렘으로 하나님의 계획이 끝나는 겁니다.

유월절, 무교절, 초실절, 오순절이 왔던 것처럼 오순절이 끝나면, 나팔절, 속죄절, 장막절은 이 세상에 당연히 찾아옵니다. 요한계시록 21장에 '하늘로부터 새 예루살렘이 내려오니'라고 되어있는데, 이게 마지막이란 말입니다. 요한계시록 21장 1-6절을 봅시다.

"또 내가 새 하늘과 새 땅을 보니 처음 하늘과 처음 땅이 없어졌고 바다도 다시 있지 않더라 또 내가 보매 거룩한 성 새 예루살렘이 하나님께로부터 하늘에서 내려오니 그 예비한 것이 신부가 남편을 위하여 단장한 것 같더라 내가 들으니 보좌에서 큰 음성이 나서 가로되 보라 하나님의 장막이 사람들과 함께 있으매 하나님이 저희와 함께 거하시리니 저희는 하나님의 백성이 되고 하나님은 친히 저희와 함께 계셔서 모든 눈물을 그 눈에서 씻기시매 다시 사망이 없고 애통하는 것이나 곡하는 것이나 아픈 것이 다시 있지 아니하리니 처음 것들이 다 지나 갔음이러라 보좌에 앉으신 이가 가라사대 보라 내가 만물을 새롭게 하노라 하시고 또 가라사대 이 말은 신실하고 참되니 기록하라 하시고 또 내게 말씀하시되 이루었도다 나는 알파와 오메가요 처음과 나중이라"(계 21:1-6).

위의 말씀처럼 이렇게 장막절로 모든 게 끝납니다. 이 말은 성경으로 말하면, 창세기 1장의 천지가 창조된 이후에 아담과 하와가 선악과를 따먹었고 에덴동산에서 쫓겨난 인간이 선악과를 따먹기 전의 상태로 돌아가는 겁니다. 선악과를 따먹기 전의 상태는 지금 이런 세상이 아닙니다. 추위도 없고, 더위도 없고, 늙는 거도 없고, 죽는 것도 없고, 여자들의 해산의 수고도 없습니다. 천지창조 상태로 다시 돌아간다는 겁니다.

이렇게 놀라운 하나님의 계획인 7대 명절을 읽고 들었는데, 많은 이들이 이것을 실감하지 못합니다. 그 이유는 하나님의 계획, 하나님의 사이클을 다 경험하지 못했기 때문입니다. 하나님의 계획, 하나님의 사이클이란 천지창조부터 새 예루살렘이 하늘로부터 내려와서 하늘의 천국이 땅과 붙는 사건입니다. 이게 하나님의 한 사이클입니다. 우리는 지금 오순절 구간에 있기 때문에 하나님의 사이클 안에서 한 부분만 돌고 있는 겁니다.

예를 들면, 사계절입니다. 우리나라는 봄, 여름, 가을, 겨울 사계절이 있어서 봄이 지나면 여름이 오고, 여름이 지나면 가을이 온다는 것을 압니다. 추운 겨울을 보내면서도 날이 지나면 따뜻한 봄날이 온다는 것을 압니다. 그런데 열대 지방에 사는 사람들은 1년 내내 여름입니다. 추운 겨울을 전혀 모릅니다. 그래서 열대 지역에 사는 사람들이 우리나라에 와서 겨울에 눈이 내리는 걸 보고 강아지처럼 뛰어다니며 난리법석을 떱니다.

어떤 목사님이 필리핀 자매를 데려왔습니다. 가을에 왔는데, 곧 겨울이 됐고 첫눈이 왔습니다. 잠자는 사이에 눈이 왔는데 말로만 듣던 눈을 보고 신기하다면서 바깥에 있는 눈을 바가지에 가득 담아 와서 방에다 갖다 놨습니다. 그리고 목사님이 잠에서 일어나니 목사님한테 말합니다. "목사님, 이 눈이 이렇게 왔는데, 이 눈 내가 가져도 돼요?" 이러니까 목사님이 말했답니다. "이거 전부 내 건데 너한테 내가 특별히 주니까 가져." 이렇게 우리가 큰 사이클을 이해하지 못하면 혼돈이 생깁니다.

여러분과 저도 지금 하나님의 한 사이클 안에 사니까 '정말로 진짜로 이 땅에 새 예루살렘이 올까?' 하는 의구심과 함께 이해가 안 됩니다. 새 예루살렘이 온다는 게 믿어지지 않습니다. 새 예루살렘, 하나님의 나라가 이 땅에 오는 것이 실감이 나지 않아도 이루어집니다. 우리는 이것을 믿음으로 받아들이면 됩니다. **"믿음으로."**

"주여 믿습니다." 이 믿음의 고백이 우리의 삶에서 매일 일어나야 합니다. 우리가 믿던지 안 믿던지 해는 아침에 동쪽에서 뜹니다. 우리의 믿음과 상관없이 해는 계속 뜰 겁니다. 천년왕국도 우리가 믿던지 안 믿던지 옵니다. 아무리 오지 말라고 소리쳐도 옵니다. 하나님의 계획안에서 역사들이 진행되고 있습니다.

새 예루살렘에 항상 눈을 고정하고 살자

7대 명절인 마지막인 장막절에는 다른 별명들이 많습니다. 새 예루살렘, 천년왕국, 시온성 등 성경에 백 가지도 넘습니다. 우리가 하늘나라에 갈 때까지 이 장막절, 새 예루살렘을 붙잡고 살아야 합니다. 여기서 멀어지면 사람은 사탄의 놀잇감으로 전락합니다. 사람이 부패합니다. 지옥 불에 떨어집니다. 새 예루살렘이 오기를 소망하며 새 예루살렘이 흠뻑 젖어봅시다. 〈거룩한 성〉를 찬양합시다.

〈거룩한 성〉

나 어젯밤에 잘 때 한 꿈을 꾸었네
그 옛날 예루살렘 성에 곁에 섰더니
허다한 아이들이 그 묘한 소리로
주 찬미하는 소리 참 청아하도다
천군과 천사들이 화답함과 같이
예루살렘 예루살렘 그 거룩한 성아
호산나 노래하자 호산나 부르자

그 꿈이 다시 변하여 그 길은 고요코
호산나 찬미 소리 들리지 않는다
햇빛은 아주 어둡고 그 광경 참담해
이는 십자가에 달리신 그때의 일이라
이는 십자가에 달리신 그때의 일이라
예루살렘 예루살렘 그 거룩한 성아
호산나 노래하자 호산나 부르자

그 꿈이 다시 변하여 이 세상 다 가고
그 땅을 내가 보니 그 유리 바다와
그 후에 환한 영광이 다 창에 비치니
그 성에 들어가는 자 참 영광이로다
밤이나 낮이 없으니 그 영광뿐이라
그 영광 예루살렘 성 영원한 곳이라
이 영광 예루살렘 성 참 빛난 곳일세

예루살렘 예루살렘 그 거룩한 성아
호산나 노래하자 호산나 부르자
예루살렘 예루살렘 그 거룩한 성아
호산나 노래하자 호산나 부르자
호산나 노래하자 호산나 호산나

아멘, 할렐루야! 아멘 우리가 새 예루살렘을 흠모하며 삽시다. 거기를 우리가 꼭 붙잡고 삽시다. 새 예루살렘, 장막절이 우리의 삶에 임하면 우리가 호산나를 외치면 찬양합시다. 그리고 〈헨델의 메시야〉처럼 장막절, 새 예루살렘이 임하는 그 날을 생각하며 부릅시다. 아멘.

〈할렐루야〉

할렐루야 할렐루야 할렐루야 할렐루야 할렐루야

할렐루야 할렐루야 할렐루야 할렐루야 할렐루야

전능의 주가 다스리신다

할렐루야 할렐루야 할렐루야 할렐루야

전능의 주가 다스리신다

할렐루야 할렐루야 할렐루야 할렐루야

전능의 주가 다스리신다 할렐루야

이 세상 나라들 영원히

주 그리스도 다스리는 나라가 되고

오 주가 친히 다스리시니

오 주가 친히 다스리시니

왕의 왕 영원히 영원히 할렐루야 할렐루야

또 주의 주 영원히 영원히 할렐루야 할렐루야

왕의 왕 영원히 영원히 할렐루야 할렐루야

또 주의 주 영원히 영원히 할렐루야 할렐루야

왕의 왕 영원히 영원히 할렐루야 할렐루야

또 주의 주 또 주의 주 다스리니

오 주가 다스리시니

오 주가 친히 다스리시니

왕의 왕 또 주의 주 왕의 왕 또 주의 주

오 주가 친히 다스리시니

왕의 왕 또 주의 주

할렐루야 할렐루야 할렐루야 할렐루야

할렐루야 아멘

아멘, 할렐루야! 주님이 다스릴 그 나라, 그 나라가 바로 새 예루살렘입니다. 그 새 예루살렘을 또 주가 길이 다스리십니다.

> (기도)
>
> "주 예수님, 감사합니다. 7대 명절을 주셔서 감사합니다. 마지막 명절인 새 예루살렘을 꼭 붙잡게 해 주세요. 우리가 그날 그곳에서도 할렐루야 노래를 주님과 함께 부르기를 원합니다. 이 책을 읽는 모든 분들이 한 사람도 거기에서 탈락하는 자 없게 하여 주시고, 최후의 승리자가 되게 하여 주시옵소서. 예수님 이름으로 기도하옵나이다. 아멘."

전광훈 목사 설교 시리즈 Light 01

7대 명절로 나타난 그리스도

초판 발행 2024년 10월 7일

지은이   전광훈
펴낸곳   주식회사 뉴퓨리턴

주소   서울특별시 성북구 장위로 40다길 19, 1층 106호(장위동)
대표전화 070-7432-6248
팩스   02-6280-6314
출판등록 제25100-2023-043호
이메일   info@newpuritan.kr

ISBN   979-11-986060-5-1(03230)